U0165356

Claire 配戴
項鍊／GLY "Maria" White Gold Necklace
耳環／GLY Logo White Gold Earrings

Claire 配戴
項鍊／GLY "Maria" White Gold Necklace
耳環／GLY Logo White Gold Earrings

Linda 配戴
雲薐園「宅門見喜」系列
Cloud Mansion ~ "Garden
Gate Seeing Happiness"
雲薐園「琴榭桂香」系列
Cloud Mansion ~ "Tingqin
Pavilion with Gwai"

Claire 配戴
雲薐園「庭廊迎洋」系列
Cloud Mansion ~ "Passageway
to meet East and West"
雲薐園「庭廊迎洋」系列
Cloud Mansion ~ "Passageway
to meet East and West"

Linda（中）配戴
雲蕴園「宅門見喜」系列
Cloud Mansion ~ "Garden Gate Seeing
Happiness"
雲蕴園「琴榭桂香」系列
Cloud Mansion ~ "Tingqin Pavilion
with Gwai"

Claire（左）配戴
雲蕴園「庭廊迎洋」系列
Cloud Mansion ~ "Passageway to meet
East and West"
雲蕴園「庭廊迎洋」系列
Cloud Mansion ~ "Passageway to meet
East and West"

Lauren（右）配戴
雲蕴園「苓泉湧雅」系列
Cloud Mansion ~ "Lingquan Spring Up
Elegance"
雲蕴園「苓泉湧雅」系列
Cloud Mansion ~ "Lingquan Spring Up
Elegance"

Lauren 配戴
「愛情、智慧、祝福」項鍊／GLY "Trinity" Necklace
「奶與蜜」耳環／GLY "Milk & Honey" Earrings

Claire 左
耳環 GLY Logo Gold Earrings
GLY手環 GLY Logo Gold Bangle
「愛永恆」項鍊／GLY "Love is all" Gold Necklace

Linda 右
手環／GLY "Monogram" Gold Bangle
手環／GLY "Eagle" White Gold Bangle
手環／GLY "Faith" Bangle
「心連心」手環／Love "Heart to Heart" Rose Gold Bangle
「信鴿」耳環／"Dove" Earrings

Lauren 左
「愛永恆」項鍊／GLY "Love is all" White Gold Necklace

Claire 中
耳環／GLY Logo Gold Earrings
「心連心」手環／Love "Heart to Heart" White Gold Bangle
手環／GLY Logo Gold Bangle
「愛永恆」項鍊／GLY "Love is all" Gold Necklace

Linda 右
手環／GLY "Monogram" Gold Bangle
手環／GLY "Eagle" White Gold Bangle
手環／GLY "Faith" Bangle
「心連心」手環／Love "Heart to Heart" Rose Gold Bangle
「信鴿」耳環／"Dove" Earrings

Claire 配戴
上
項鍊／GLY "Triple Treasure" White Gold Necklace
「奶與蜜」手環／GLY "Milk & Honey" Bangle
「信鴿」耳環／Dove " Earrings"

下
「滿溢」耳環／GLY "Over Flow" White Gold Earrings

項鍊 GLY "Tassel Rays" White Gold Necklace
手環 GLY "Monogram" Bangle

Claire 配戴
上
「銀河」耳環／"Galaxy" Earrings
「大衛之星」項鍊／"Star David" Necklace
「大衛之星」手鍊／"Star David" Bracelet

下
「歡樂花園」耳環／"Garden Jubilee" Earrings
「歡樂花園」戒指／"Garden Jubilee" Ring

Claire 配戴
「花漾十分」珍珠項鍊／"Blossom Pearl" Necklace
「白月光」戒指／ "White Moonlight" Ring

Linda & Sue

Linda 配戴
雲薖園「苓泉湧雅」系列
Cloud Mansion ~ "Lingquan Spring Up Elegance"

Sue 配戴
LINDA YANG 高級訂製珠寶 High Jewelry
「蓄勢待發」戒指／"Ready to Act"

Sue & Linda & Ginny

Sue 配戴
LINDA YANG 高級訂製珠寶 High Jewelry

Linda 配戴
雲蕗園「宅門見喜」系列Cloud Mansion ~
"Garden Gate Seeing Happiness"s
LINDA YANG 高級訂製珠寶 High Jewelry
「翱翔」鑽石 戒指／"Soaring" Diamond Ring

Ginny 配戴
LINDA YANG 高級訂製珠寶 High Jewelry
「丹泉湧雅」系列 耳環／"Tanzanite Spring Up
Elegance" Tanzanite, Diamond Earrings
鑽石、玫瑰切工鑽石、丹泉石 戒指／Diamond
and Rose cut Diamond Tanzanite Ring
祖母綠切割鑽石手鍊，具有GIA證書／Emerald
cut Diamond bracelet all with GIA

Sue & Linda & Ginny

點睛之筆／The Finishing Touch　　　　晨露之珠耳環／Morning Dew Pearl Earrings
花漾十分珍珠項鍊／Blossom Pearl Necklace　晨露雙珠耳環／Morning Dew Double Bead Earrings
白月光戒指／White Moonlight Ring　　　愛永恆／Love is all
春風珍珠項鍊／Spring Breeze Pearl Necklace

Linda
左
雲蘊園「宅門見喜」系列
Cloud Mansion ~ "Garden Gate Seeing Happiness"
LINDA YANG 高級訂製珠寶 High Jewelry
「圓圓滿滿」
"Full Moon"

中
白月光戒指／White Moonlight Ring
晨露之珠耳環／Morning Dew Pearl Earrings
愛永恆／Love is all

右
雲蘊園「苓泉湧雅」系列
Cloud Mansion ~ "Lingquan Spring Up Elegance"

與親愛的媽媽

與媽媽、五叔楊世緘、弟弟Kent、
弟媳張寶、姪女Jocelyn

與親愛的媽媽、Geoffrey、Claire、Lauren

GLY 的
20 道光芒

在 愛 裡 為 自 己 綻 放

楊
傳
芩

—— 著

這是我第一本書
獻給最疼愛我的
外公王潔將軍、外婆王黃粵珠、
爺爺楊通誼、奶奶榮漱仁、
父親楊世緗及母親楊王華靜

推薦序

綻放屬於自己的光芒

楊世緘

　　Linda稱呼我為五叔，這份親密的稱謂讓我感到無比驕傲。我從小看著她長大。她的父親是我的大哥，母親是我的大嫂，這樣的家庭關係讓我們之間的情感更加深厚。Linda小時候白白胖胖，擁有一頭自然捲的頭髮，總是紮著一個可愛的公主頭，讓人一見就心生喜愛。她特別會跟長輩撒嬌，總是能把我們逗得哈哈大笑，成為家中的開心果。

　　記得她在少年時代的暑假，回到台北探親時，她外公外婆總是安排她上中文課，背古文、古詩，還有國畫和書法。他們對她的期望很高，常說這樣不僅能精進她的中文程度，還能讓她學會一些傳統藝術。Linda聽話又乖巧，總是認真地對待每一堂課，努力學習。

　　Linda外公還特別提到，學會書法和古文不僅能提升她的才華，還能賺取零用錢。她每次寫完字，外公都會給她一些小獎勵，讓她感受到學習的樂趣和成就感。更有趣的是，外公還說這些零用錢可以存在他那裡，明年回來時還能有高利息，讓Linda感到既驚喜又期待。

這些回憶讓我感受到Linda外公對她的用心與寵愛。他不僅希望她能學到知識，還希望她能在學習中找到快樂。Linda的外公對她的安全卻特別嚴謹，尤其在暑假期間，Linda每次回到台北，外公的關心就如影隨形。

Linda在這樣的環境中成長，無疑成為了一個才華橫溢、性格開朗的女孩。每當我看到她的笑容，心中總是充滿了欣慰與驕傲。這些年來，Linda的成長讓我深刻體會到家庭的溫暖和教育的重要性。

有一次，Linda的朋友邀請她參加生日派對，她急忙跟我說：「五叔！你今晚一定要幫我，你跟外公說你會來接我回家！不然我晚上8:50生日趴都還沒有開始，我就得回家跟外公報到！」看著她那期待的眼神，我只能答應她。誰叫我是她的五叔呢？於是，我成了她的「保鏢」，這個稱號也成為了我們之間的默契。

那時所有Linda的朋友們都知道她有一個特別的綽號：「楊八點五十」。這個綽號的由來，正是因為外公每天晚上9:00準備按摩、閱讀，然後入寢。他必須在9:00前看到他的外孫女Linda，才能安心入睡。以後每當夜幕降臨，我都會準時出現在Linda的活動上，確保她能在她外公的要求下，準時回家。這份責任感讓我覺得自己不僅是她的五叔，更是她的守護者。每一次的相聚，都是我們之間情感的延續，而我也會一直陪伴著她，直到她長

大，無論她的綽號如何變化，我都會是她心中那個永遠的「保鏢」。

今年六月份，Linda來探望我，帶來了她已寫好的幾篇文章。翻閱之間，我被她的故事深深吸引。Linda的文字充滿了幽默感，卻又不失深度，讓我感受到生活的多樣與豐富性。她以樂觀的態度看待人生的各種經歷，無論是喜悅、快樂，還是痛苦與悲傷，Linda都能以輕鬆的筆觸將這些情感娓娓道來。在她的故事中，我看到了人生的真諦。每一段經歷都是一種寶貴的學習，無論是好是壞，只要我們能夠正面回應，便能從中汲取力量。

在這個充滿希望的時刻，我衷心祝賀Linda出版她人生的第一本書《GLY的20道光芒》。這本書以「Glow in Love For Yourself」的精神，鼓勵每個人都能在愛中綻放出屬於自己的光芒。Linda的創作不僅是她個人心路歷程的分享，更是對每一位讀者的深切祝福，讓我們在繁忙的生活中，學會珍惜自己，愛自己。

GLY品牌如同一盞明燈，照亮了許多人的心靈。GLY不僅僅是一個品牌，它承載著對生活的熱愛與對文化的敬重。隨著Linda的書籍在暢銷排行榜上持續發光發熱，這份美好的故事也在不斷傳揚，讓更多人感受到愛與美的力量。希望Linda能在這條創作之路上，持續發揮她的才華，讓更多的讀者感受到她的熱情與智慧。

在這個特別的時刻，讓我們共同祝福Linda的書籍能夠觸動更多人的心靈，讓每一位讀者都能在書中找到屬於自己的光芒。願GLY品牌繼續在未來的日子裡，綻放出更加耀眼的光彩！

Linda的五叔

楊世緘

推薦序

勇敢追尋夢想

王華宇

在這個瞬息萬變的時代,能夠見證一位年輕才女的成長,是種無比的榮幸。

苓苓,傳苓是我堂姐王華靜的長女,是我的堂外甥女,從小就展現出非凡的才華與潛力。她的美麗與乖巧,讓她在家族中備受寵愛,尤其是她那份對書法的執著,讓我至今難以忘懷。記得她小時候,每次看到她,她總是靜靜地磨墨寫書法,專心練習著那一筆一劃,最終還獲得了書法比賽的獎項,讓人驚艷不已。

隨著她12歲移民到美國洛杉磯,苓苓的生活開始了新的篇章。在那裡,她不僅適應了新的環境,還在學業上表現出色,最終選擇前往法國巴黎深造,進一步追尋自己的時尚的夢想。雖然我們之間的相處時間不多,但每次的相遇都讓我感受到她的堅韌與智慧。

直到1995年,我當上華航香港分公司總經理,真是有緣,剛好苓苓婚後全家也在香港定居。她們家住在港島半山的豪宅,環境優雅,讓人羨慕。那時苓苓在香港社交界頗為活躍,熱心贊助

公益活動，對她的慈悲心關懷弱勢，令我很感動！

作為她的長輩，我感到無比驕傲，擁有這麼一位既漂亮又心地善良的堂外甥女。她的才華和努力不僅讓她在珠寶設計領域嶄露頭角，也讓她在社會上贏得了良好的口碑。最近，苓苓告訴我，她的珠寶作品成功上架中華航空公司的e-mall，這對她來說是一個重要的里程碑。能夠進入這樣的平台，對於任何一位設計師來說都是一個不小的成就，因為上華航e-mall的門檻非常高。我相信，苓苓的作品一定會受到消費者的喜愛，因為她的珠寶設計不僅獨具匠心，還融入了她對生活的熱愛與對美的追求。每一件珠寶都像是她心靈的延伸，散發著獨特的魅力。

如今，苓苓即將出版她《GLY的20道光芒》這本書，這不僅是她在珠寶設計領域的專業展示，更是她家庭背景與成長心路歷程的真實寫照。她的故事，無疑將激勵更多年輕人追尋自己的夢想，勇敢面對挑戰。在這裡，我衷心推薦苓苓人生的第一本書。她的才華與努力，值得每一位讀者的關注與學習。相信這本書將會成為許多人心靈的指引，讓我們一同見證她的璀璨人生。

我的姊姊「楊傳苓」

楊傳德（Kent）

我姊姊楊傳苓（Linda）比我大2歲，這兩歲現在來看一點都不大，但在小時候，這兩歲的差距對我來說，她是我的大姐大！

我們兩人小時候都是念靜心小學，當時我們需要每天坐40分鐘的校車去學校，我一年級第一天跟她去上學，當我踏上我們12路的校車時，看到車上的位子幾乎都是滿的，唯獨司機旁邊的第一排寶座是空的，我姊姊就帶著我大搖大擺的走到這個「王位」坐了下來，我想我們怎麼這麼幸運？後來發現這個寶座每天都是留給我姊姊的，才知道我姊姊楊傳苓在三年級時就這麼「罩得住」，心中這個「大姐大」的地位也由此而生！

我小學四年級時，媽媽從美國幫我買了一個我非常喜歡的Lunch Box，當時這種Lunch Box在台灣還是蠻稀奇的，我幾乎每天都帶著它去學校「炫耀」，平常也是把它掛在教室後面的牆上，有一天我的一位同學把它給撞掉了下來，結果砸壞了，「乖巧的我」也不知怎麼辦，回家傷心不已的告訴了姊姊，六年級的姊姊楊傳苓跟我說：「別擔心，我明天去找他賠！」第二天Linda果真在午休時間跑到了我們教室，我這個「高年級的姊

姊」把頭從窗外探了進來，跟那位同學說：「誒，你叫什麼名字？你把我弟弟的午餐盒砸壞了，你要賠給我弟弟，你把家裡電話告訴我，我要打電話跟你媽媽說……」，把那位同學嚇壞了，結果這件事經過我姊姊「妥善的幫我處理」，對方的媽媽賠了錢，我也買了一個新的Lunch Box，我姊姊楊傳苓這大姐大的地位在我心中又一次的得到了鞏固！

後來我們去了美國，到了Teenager 這個年紀，我姊姊跟我這兩歲的差距，又明顯的展現了她的不同，她當時已是「交友廣闊」，常常出去Party，當然有時也會帶著我（家裡規矩——如果我不去，她就不能去……），在我開始與我姊姊一起Party後，她常常帶我晚回家，因為我是她的尚方寶劍（當然我那時也喜歡玩），但只要我們太晚回家，媽媽就會把門鎖起來，要我們在院子裡面壁思過，那時候也是我和 Linda 聊天談心的好時光，想想真是好笑！

高中時期，我和Linda另外一個愛好就是上課時間跑出校外（不好意思說「翹課」），我的家長請假單都是Linda幫我寫的，所以我姊姊不光是我的大姐大，有時也會充當我「請假單的媽媽」，她真是好處多多！

在成長的過程中，雖然我和我姊姊還蠻愛玩的，but we turned out alright！I am very lucky to have Linda as my sister，我姊姊是很有想法的人，而且做事總是「一馬當先」，如大學念

Fashion Design、畢業後去巴黎學習和工作、後來又住到紐約，這也給我這個弟弟創造了很多跟著她到處跑的機會，讓我在成長的過程中有這個「大姐大」帶我一起見世面，變得更加豐富與多采多姿！

　　謝謝我的姊姊「楊傳苓」，you will always be my 大姐大！

推薦序

傳家品味

楊傳芳

　　早在40年代，爺爺、奶奶把孩子們由上海送至台灣便返回上海，直到70～80年代後，才有機會再度與家族團聚。當年和他們在舊金山聚首，記憶中的奶奶滿頭銀髮，銀得發亮，即使經過時代的洗禮，依然非常大器優雅。曾經看過一張她年輕時在法租界帥氣的穿著TUXEDO的老照片，真覺得喜好和個性是有遺傳的。那次，奶奶買了件貂皮大衣，替我買了件極好的英國毛料外套和毛衣。外套的模樣我到現在還記得清清楚楚！我喜歡衣物、時尚、設計，當然也欣賞珠寶設計，這是遺傳自父親，他對衣服和品味的執著更是令人難忘。

　　楊傳苓是我親愛的堂妹，更是一位學問資歷都很優秀的珠寶設計師。年輕時傳苓住L.A.，我從加拿大去找她玩，兩人再去San Diego找大表哥Gary。那是個Disco的年代，傳苓和我怎麼看都覺得我們身上的戰袍不夠炫，便立馬買了金色布料，做上兩頂類似菲斯（FEZ）的帽子，請大表哥當保鏢陪我們去跳舞，那時華人不多，老外看到我們倆這「金帽子雙胞胎」，挺驚奇也很高興，是我成長中印象深刻的回憶。

源自我倆共同設計製作帽子的默契，傳苓亦是我需要特殊珠寶設計時必要的夥伴！在她替我設計的珠寶中，我摯愛的是一只紅寶石兔子戒指，它不僅有著我對歷史的關注，和對自身的祝福，它亦見證了我孩子的婚禮，也是一段值得傳承的紀錄。這件珠寶設計在傳苓的書中亦有篇幅細述。對我來說，珠寶、衣物和藝術品從來都不是投資的工具，而是帶著一件件回憶的珍藏。是這些回憶和收藏的互動加深了他們在我心中的重量。

　　我很期待傳苓的這本書，謝謝她的友誼，謝謝她給我這個機會寫這篇序文。

推薦序

從人生海嘯中重生

錢國維（Carl）、錢胡家琪（Ginny）

我和Linda的相遇是在Horace的家中，他是我布朗大學的學弟，正好是Linda弟弟最好的朋友。那天的聚會，氣氛輕鬆愉快，大家圍坐在一起，分享著各自的故事和笑聲。

Linda的笑容如陽光般燦爛，讓我不由自主地被吸引。我們從一開始聊天就充滿火花，彼此的興趣和價值觀竟然如此契合。每次相聚，我們都會聊到深夜，分享生活中的點滴，無論是工作上的挑戰，還是對未來的憧憬，總能找到共鳴。隨著時間的推移，我們的友誼愈發深厚。即使在忙碌的都市生活中，我們也會抽空互相問候，分享彼此的生活點滴。

有天晚上，Linda、Victor、Carl和Henry Lee一起聚餐，我因為Linda的關係，一起認識大家，這也是我第一次遇見Carl。她轉向Carl，說道：「這是我好友Ginny。」Carl微微一笑，眼神中透著友善，讓我瞬間放鬆了不少。隨著晚餐聊天的深入，隨之後Carl透過Victor向我表達了他對我的心動，而我也向Linda表達的我對Carl的好感。這樣的互動讓我感受到一種奇妙的連結，我們的情感，透過巧妙的緣分牽引，漸漸升華。

在隨後的日子裡，我們的友誼愈加深厚，雙人約會成為了我們生活中的一部分。每當Carl和Victor聚在一起，他們的幽默感總能引發我們一陣陣笑聲。無論是在餐廳裡享用美食，還是在公園散步，兩位男士總是能以他們獨特的方式調侃彼此的伴侶，讓我們忍俊不禁。在紐約的每一個角落，我們都留下了許多歡笑的足跡。無論是中央公園的長椅，還是時代廣場的霓虹燈下，每一個瞬間都充滿了快樂的回憶。

　　那天晚上，我們在Victor家聚餐，氣氛輕鬆愉快，卻意外地被一個小細節逗得捧腹大笑。Victor在洗碗的時候，突然提到他有一個「獨特的習慣」：每次洗完碗盤後，他都會把它們按照大小和類型，整齊地放在櫃子的最下方，這樣每個碗、盤都能「平等使用」。這個想法聽起來既搞笑又有趣，讓我們不禁想像他在櫃子裡忙碌的樣子，像是在進行一場盤子大選舉，確保每一個碗都能公平地出場。

　　經過快一年的時間，我與Carl的戀情逐漸升溫，彼此之間的更加了解，有了結婚的打算，讓我們發現在生活中，找到了彼此的依靠和支持。我們的交往雖然不到一年，但在這段時間裡，我們共同經歷了許多美好的時刻，這讓我們決定攜手共度一生，於是，我們做出了結婚的決定。

　　在我們的婚禮上，我記得當Linda站上舞台，為我們獻唱一曲〈忘不了〉時，全場嘉賓都被她的歌聲所震撼。那一刻，音樂

彷彿將我們的心緊緊相連，讓每一位在場的人都感受到愛的美好。我特別感謝Linda，她不僅是我們的好友，更是我們牽線的媒人。

我們兩對夫妻陸續步入婚姻，隨著工作變遷，我們接連都搬到香港，這座繁華的城市成為新家，彼此兩家人的互相陪伴，讓新環境一切變得容易。我和Linda有段時間住在樓上樓下的鄰居，孩子們成了最好的玩伴。放學後，小朋友總是迫不及待地相約，處處充滿了嬉鬧聲，讓人感受到家庭的熱鬧溫暖。

多年後，我和Carl搬回到台灣，Linda她們早我們一步先搬回台灣，我們又再度相聚。在台灣這段時間裡，我們見證了Linda人生起伏與意外巨變，突然的打擊都像是狂風暴雨，讓她感到無助與迷茫。Linda她常戲稱這段是她人生的海嘯，她從未放棄過自己，面對困難時，她漸漸發現自己，找到重新站起來的力量。

她這段海嘯般的人生經歷，後來也成為了她人生中最珍貴的財富。

在這段時間裡，我深感欣慰，Linda接受了我的建議，開始創作她的第一條「Trinity」系列。這不僅是她的初衷，更是GLY全新品牌形象的具體體現。這個系列的誕生，象徵著Linda在創作旅程中的一個重要里程碑，並且為她的生活注入了新的活力和意義。

「Trinity」系列的靈感源自於Linda對於愛、自我和成長的深刻理解。她希望透過這個系列，傳遞出一種積極向上的生活態度，鼓勵每一位女性都能在愛中找到自我，並綻放出獨特的光芒。正如她所說的那樣，這不僅僅是一個品牌的創造，而是一種生活目標的宣言。這種精神正是GLY的核心理念——「為自己，在愛裡綻放光芒」（Glow in Love for Yourself）。

在設計過程中，Linda注重每一個細節，力求將她的情感與理念融入每一件作品中。她選擇了柔和的色調和流暢的線條，讓每一件作品都散發出優雅與自信。這不僅是對美的追求，更是對女性力量的讚美。Linda希望每一位佩戴「Trinity」系列的女性，都能感受到那份來自內心的力量，並勇敢地追求自己的夢想。

不知不覺中，GLY品牌已經走過了十個年頭，這是一段值得慶祝的旅程。自創立以來，GLY始終堅持著為每一位顧客帶來獨特的自信與喜悅，無論是透過精緻的設計還是對品質的嚴格把控。每一件作品都如同一束光芒，照亮了佩戴者的生活，讓他們在日常中綻放出獨特的魅力。

在這特別的時刻，我和Carl衷心祝福Linda的GLY品牌能夠持續發光閃耀，成為更多人心中的首選。每一位選擇GLY的朋友，無論是因為它的設計、品質，還是品牌所傳遞的精神，都能在這裡找到屬於自己的那份獨特與自信。正如品牌的理念所傳遞的，真正的美在於自信，而自信則源於對自我的認同。此外，我們也

特別祝福Linda人生的第一本書《GLY的20道光芒》，能夠成功
銷售第一。這本書不僅是她對品牌十年歷程的回顧，更是對每一
位支持者的感謝。書中分享的故事與理念，必將激勵更多人追尋
自己的光芒，並在生活中找到屬於自己的幸福。

從生命而來的光芒

張大業牧師／磐石國度

梵谷（Vincent van Gogh）說過一句話：「我夢想著我的畫作，然後我畫出我的夢想。」（I dream my painting, and then I paint my dream.）

如果梵谷的畫作是從夢中而生，Linda的作品就是從生命而來。這本書《GLY的20道光芒》其中提到的光芒，其實就是Linda的人生經歷，思想成型，情感結晶，和憧憬期盼，只不過是透過實際觸摸到的珠寶飾品來呈現而已。

在書中你可以發現在Linda的創作旅程中，似乎第一顆種子，是來自於小時候外婆給她買旗袍的那一刻。她不僅得到了美麗的衣裳，還拉出了她心中設計的第一根線，交織著外婆的寵愛，讓她開始明白了一件重要的事——真正的美，不是來自外表，而是來自那份為愛與情感表達的衝動。

接著你發現了她的媽媽，這位被上帝親自任命來啟發她的天使，送給她一對鑽石耳環，Linda的創造天性將這對耳環變成了獨一無二的尾戒，將母愛與創意鎖進這小小的珠寶中。這不僅是

一件作品，更是「愛凡事包容，愛永不止息」的詮釋。

然後你讀到，隨著歲月的流轉，Linda的孩子們也逐漸長大離家去追尋他們自己的夢想。她心裡做為母親的不捨與疼愛，凝固為項鏈上的圓圓寶石，像修女手中的念珠一樣，一顆一個禱告、一顆一個祝福。

然而她的設計並不只有傳統親情的樣式，也有流行風潮的時尚，她說當時在巴黎工作室裡接受訓練時，時尚界的巨擘Karl Lagerfeld告訴她：「時尚會變，唯獨風格歷久不衰」。她理解到時尚可以逐年換季，但風格卻能超越時間，屹立永恆。是在這裡，她學會了如何將個性融入設計中，並且能夠左右潮流卻不隨波逐流。

《GLY的20道光芒》不是珠寶上的反射，而是從心靈裡的釋放；不是網路上的模仿，卻是靈魂飄散的芳香。我相信外婆給她買旗袍不只是第一顆啟蒙的種子，更是關鍵的那一把鑰匙，開啟了Linda從出生時就帶到地球上來的美麗與光華，因為種子還需要成長，但是鑰匙一旦開啟了，就渾然天成的四射光芒。

推薦序

重生的美麗力量

盧秀婷Susanna

　　Linda是我們101教會AMZM（Amazing Mommy）的元老，這些年來，我有幸與妳和姐妹們一起見證GLY每次的新品發表。每當看到GLY各種充滿創意的美麗作品，我的心中總是充滿感動，這些不僅是飾品，更是傳遞愛與信仰的象徵。

　　我特別記得那年在新光三越的快閃店，母親節及週年慶祝活動的熱鬧場面。GLY櫃檯每天都人潮洶湧，無論是認識的朋友還是不認識的顧客，大家都被這些璀璨的作品所吸引。每一件飾品背後都有故事，無論是設計的靈感還是製作的過程，都讓人感受到Linda創作的用心與熱情。

　　Linda的創作，總讓我深刻體會到信仰的力量。每一件作品都像是一個小小的祝福，傳遞著希望與愛。無論是送給母親的「I Love God Necklace」，還是送給朋友的「Faith Bangle」，這些飾品不僅是禮物心意的傳遞，更是心靈的交流。我很喜愛送給朋友GLY的飾品，因為在傳遞禮物的過程當中，我們不僅分享了美麗，更分享了彼此珍貴的信仰與友誼。

在「Asia Remix Fashion Show」的那一晚，現場人潮洶湧，熱鬧非凡，我懷著期待的心情來到現場，因為我知道這將是Linda展現才華的舞台。當燈亮開場，模特兒們走上舞台，「God's Great Dance Floor」這首動人的旋律、身著Linda設計的服裝與珠寶，光彩耀目，成為全場的焦點。模特兒們隨著音樂的節拍，優雅地擺動，展現出Linda作品的獨特魅力，令人目不轉睛。

隨著秀場的結束，Linda踏著穩健的步伐走向台前，散發出無比的自信。她的每一步都像是在宣告著從曾經的失望中，邁向重生的力量，讓人不禁為她喝彩。「Wow，Linda，你太棒了，我為你感到驕傲！」現場的掌聲如雷，響徹會場。Linda不僅是對過去的告別，更是對未來自信的展望。人生的無常與不可預測，沒有打垮Linda，反而在此刻，充滿自信光芒的Linda，宛如新生！這舞台不僅是她的作品呈現，以及這些年來為GLY品牌努力的展現，更是她朝著未來，踏出加倍自信的一大步。這一夜，屬於Linda，屬於一個這樣勇敢追夢的美麗女人！

我依稀記得當天致詞的話語，「感謝上帝在這麼多年當中，讓我有幸可以和妳一起見證這段恩典之旅。不管是在妳的創作或是生命的旅程當中，雖然看見妳經歷了許多好不容易的日子，始終如一單純的妳，卻堅定地倚靠著信心，走出了一條明亮的康莊大道，讓大家都看見了妳裡面溫柔又堅強的韌性，也見證到神在妳生命中一路奇妙的帶領！」

現在我要大大祝福妳，我美麗親愛的姐妹，願每一個人閱讀妳新書的朋友，看見的不只是內容當中妳所講述許多活潑有趣的創作故事，溫暖的親情與友誼，更重要的，是被妳一段段的生命故事，散發出來鼓勵人心，熱情又勇敢的生命力大大感動！期待未來能看到更多充滿創意與靈感的作品，繼續在生活中傳遞愛與信仰的力量。

親愛的Linda，祝福妳的新書如同每一件妳繽紛美麗的創作，持續成為許多人生命中無比的祝福！

Love & Blessings

 目錄

GLY
第
1
道
光
芒

粉紅光的應許「為自己，在愛裡綻放光芒。」

（Glow in Love for Yourself）

在一個午後的聚會中，好友Ginny對我說：「Hey! Linda，妳有意想設計一些輕奢的飾品？好讓我們送禮物有更多的選擇？」她的提議如同一束光，照亮了我心中那片陰霾。她的熱情與期待讓我感受到久違的希望，然而，隨之而來的卻是內心的掙扎。剛經歷了人生的重大變故，我的情緒如同波濤洶湧的海洋，難以平靜。那時我已有10多年高級訂製珠寶的設計專業，並在香港中環有個的高訂珠寶展示點（showroom），這個充滿魅力的空間曾是我創作發想的中心。每一次與客戶的對話，都是靈感的火花，讓我更深入理解她們對珠寶的需求。那裡的每一件作品，都承載著我對美的追求與對生活的熱愛。Ginny的提議讓我重新反思自己的珠寶定位，輕奢珠寶飾品的設計，或許能讓我以另一種方式重新創新品牌出發。這不僅是對過去的回顧，更是對未來的探索。我開始想像那些簡約而不失優雅的飾品，如何在日常生活中為女性增添一抹亮色。每一件作品都可以成為她們自信的象徵，讓她們在繁忙的生活中找到屬於自己的獨特風格。這是一個重新開始的機會，一個讓我再次與創作對話的契機。或許這個計畫不僅是一個商業構想，更是我心靈重生的起點。

在心中描繪輕奢珠寶品牌的樣貌，我的思緒如潮水般湧現。那些簡約而不失優雅的設計，宛如晨曦中的露珠，閃爍著微妙的光芒，吸引著每一雙渴望美的眼睛。我希望這些珠寶不僅是裝飾品，更是生活中的一部分，能在每個瞬間留下深刻的印記。這不

僅僅是對珠寶的重新定義，更是我人生的一次重塑。每一件作品都承載著我對生活的理解與感悟，讓它們講述關於愛的故事。愛是生活的核心，是每一個設計背後的靈魂。我希望這些珠寶能夠觸動人心，讓佩戴者在每一次的閃耀中，感受到那份獨特的情感連結。

　　我決定給自己一個機會，將這個夢想付諸實踐。每一個設計，都是我心靈的寄託，象徵著我重新開始的勇氣。在這個過程中，我學會了如何將內心的情感轉化為具體的形狀，如何在簡約中尋找優雅的平衡。我希望無論是慶祝重要時刻，還是平凡日子的陪伴。這些作品不僅是物質的象徵，更是情感的寄託。我相信，每一件珠寶都能在生命的旅途中，讓愛與美在每一個瞬間交織。這是我對生活的承諾，也是我對未來的期待。

　　在面對突如其來的挑戰時，我常常會想起那句話：「無論求什麼，只要信，就必得著。」這句話成為我心中的信念之源，讓我明白，只要懷有堅定的信心，願望就能實現。每當困難襲來，這句話就像一盞明燈，指引著我前行的方向。我開始將這種信念具體化，想像著一束明亮的粉紅色光芒，象徵著希望與勇氣。這道光不僅照亮了我的視野，更激發了我內心深處的生命力。每當我感到沮喪或迷茫時，這道粉紅色的光芒就像一股暖流，將我從昏沉與黑暗中拉回，讓我重新找回自我。

GLY 第 1 道光芒

粉紅光的應許「為自己，在愛裡綻放光芒。」(Glow in Love for Yourself)　　029

有一次，我在工作中遭遇了重重困難，面對無法解決的問題，我的信心開始動搖。就在那時，我閉上眼睛，想像那道粉紅色的光芒圍繞著我，慢慢地，我感受到一種無形的力量在鼓舞著我。這股力量讓我重新振作，開始分析問題，尋找解決方案。最終，我不僅克服了困難，還在這個過程中學會了珍惜每一次挑戰。這道粉紅色的光芒不僅是我心靈的寄託，更是我面對生活的勇氣源泉。它提醒我，無論遇到什麼困難，只要心中懷有信念，就能迎來希望的曙光。每一次的挑戰都是一次成長的機會，而我將永遠珍惜這份信念，讓它成為我人生旅途中的指引。隨著時間的推移，我的信心與動力日益增強。每當我克服一個挑戰，心中那道粉紅色的光芒便愈發明亮，讓我對未來充滿期待。

　　我明白，生活中總會有起伏，但只要我懷抱信心，勇敢面對，就能將每一個困難轉化為成長的契機。在這段經歷，我已不再害怕挑戰，反而期待著它們的到來。因為我知道，無論前方的路有多麼艱辛，只要心中有光，便能照亮前行的方向。

　　在經過無數次的草稿和反覆思考後，我終於在2013年底設計出了令自己滿意的Logo。這個過程中，我深入思考了品牌的定位，並努力將核心價值和理念融入設計中。在設計Logo時，我特別關注字母的象徵意義。對於字母「G」，我選擇了代表積極和美好的詞彙，如Gain（獲得）、Glamorous（迷人）、Glow（光輝）、Go（前進）、God（神聖）、Grand（宏偉）、Grace

（優雅）、Great（偉大）和Gut（勇氣）。這些詞彙不僅反映了我對品牌的期望，也傳遞了希望和力量的感覺。字母「L」則代表了許多積極的概念，如Let（讓）、Live（生活）、Like（喜歡）、Love（愛）和Luck（幸運）。我選擇了LOVE，因為這不僅是我名字中的字母，也是品牌對「愛」的重視和傳達的象徵。愛是人類最基本的需求，也是品牌希望傳遞的核心價值。至於字母「Y」，由於我的姓是楊（Yang），我考慮了包括YO（你）、YOU（你）和YOURSELF（你自己）等詞彙，最終選擇了YOURSELF，這代表了品牌對個人價值和自我愛護的重視。這個選擇強調了每個人都是獨特的，值得被珍惜和尊重。這個Logo的設計過程，不僅是對字母本身意義的探索，更是我對品牌核心理念的深刻理解。最終形成的這個象徵，不僅富有意義，也符合品牌的價值觀，讓每個人都能感受到愛的力量。

最後每個人最需要的一個字就是「愛」（L. O. V. E）。愛，這個字眼在我們的生活中無所不在，無論是親情、友情還是愛情，它都是人際關係的基石。當我們用愛去對待周圍的人，無論是家人、朋友還是同事，這種情感的流動能夠讓我們的生活變得更加豐富和有意義。在家庭中，愛是支持和理解的來源。當我們面對生活中的困難時，家人的愛能給予我們力量和勇氣，讓我們不再孤單。與朋友的相處中，愛則體現在關心和分享上。朋友之間的互相支持和鼓勵，讓我們在生活的旅途中不斷成長，彼此成

GLY 第 1 道光芒

粉紅光的應許「為自己，在愛裡綻放光芒。」(Glow in Love for Yourself)　　031

為更好的自己。愛的表達方式多種多樣，無論是一句關心的問候、一個溫暖的擁抱，還是一份用心的禮物，這些都能夠傳遞我們的情感。讓我們在日常生活中，時刻記得用愛去對待自己和他人，讓這份情感在我們的生活中持續流淌。

GLY品牌的核心理念是透過每一件作品傳遞「愛和信念」。我深信，每位女性都擁有獨特的魅力，而這份魅力源於她們對自我的愛與信心。GLY希望每一件飾品、每一個珠寶，都能成為佩戴者心靈的寄託，讓她們在生活的每一個瞬間都能感受到關愛和支持。在這個瞬息萬變的世界中，女性面對著各種挑戰與壓力，GLY的作品旨在成為她們的溫柔陪伴，無論是高峰還是低谷，我希望這些飾品能夠帶來力量和勇氣。每一件作品都經過精心設計，寓意深遠，象徵著愛的力量和自信的表達。我相信，愛是人生中最重要的武器，能夠幫助女性克服困難，勇敢面對未來。

GLY的每一個細節，都蘊含著我對女性的深切關懷。我希望佩戴者在穿戴這些作品時，能夠感受到來自品牌的力量，並在自愛與自信中展現出屬於自己的獨特魅力。這些飾品不僅僅是裝飾品，更是女性信念的象徵，是她們勇敢追求夢想的見證。我更希望透過每一件飾品，傳遞愛的力量，讓每位女性都能感受到自己是獨一無二的存在。GLY，將愛與信念化為每一個細節，成為女性心靈的共鳴，陪伴她們走過人生的每一段旅程。

我也希望GLY品牌的每位佩戴珠寶的女性都能更加愛自己，擁抱屬於自己的美好生命。在充滿愛的世界裡，愛是家庭、朋友、同事及所有關係中最重要的元素。我們相信，愛是女性克服人生挑戰的力量來源。內心充滿愛的女性擁有無可抵擋的魅力，她們的光芒將照亮周圍的每一個人。GLY不僅在理念上致力於幫助每位女性在愛中找到自我，綻放屬於自己的光芒。更希望透過珠寶設計，將這份光芒散發出去，讓更多人感受到愛與美麗的力量。

　　我推出了第一件GLY「Glow in Love for Yourself」（為自己，在愛裡綻放光芒）設計項鍊，這是一款玫瑰金色的「Trinity」項鍊，共製作了300條。當時，Ginny訂購了100條，這份支持讓我感動不已。她形容這100條如同「禮物」，讓我倍感驚喜。隨後，剩餘的200條也迅速售罄，這不僅是對我設計的肯定，更是對我努力的回報。我經常在社交媒體上看到朋友們佩戴這款項鍊，展現出迷人的魅力，這讓我倍感欣慰。這整個過程讓我深刻體會到，當我們堅持自己的信念，勇敢面對困難時，就如同經歷了一場人生的馬拉松。我們的視野和格局在不知不覺中提升，讓我看到了人生的另一個新境界。回首往事，彷彿成為了遙遠的風景，而我也在這段旅程中，找到了嶄新的自我，看到了自己全新的人生地平線。每一次挑戰都是一次機會，讓我在愛裡綻放光芒，迎接未來的每一個可能。

「愛情、智慧、祝福」項鍊／
GLY "Trinity" Necklace

GLY
第
2
道
光
芒

「風格是什麼？風格來自打破常規。」
Karl Lagerfeld，與時尚大師最近的距離

1991

年，我懷著對時尚的熱愛，從美國來到法國巴黎求學。那時，巴黎迪士尼樂園的開業引發了文化界的強烈反對，許多人將其比喻為「文化上的車諾比核災」，擔心美國娛樂文化會侵蝕歐洲的傳統。面對這樣的文化衝突，我的心中充滿了對巴黎的憧憬與疑慮。在這座充滿藝術與歷史的城市，我感受到了一種獨特的氛圍。巴黎的街道、咖啡館、博物館，每一個角落都散發著創意的靈感。最後我選擇在巴黎深造學習高級訂製時尚產業，部分原因是受到四外公王章清先生（前外貿協會董事長）的鼓勵。他始終相信，巴黎是世界時尚之都，擁有無與倫比的學習資源和機會。儘管美國的Parsons學校也是非常優秀，但他認為在巴黎的學習，能讓我更深入地了解這一領域，並吸收其獨特的文化底蘊。於是，我踏上了這段充滿挑戰與機遇的旅程。在法國的每一天，我都在探索時尚的奧祕，從歷史到現代，從設計到製作，無不讓我著迷。在巴黎的學習生活中，我逐漸明白了時尚不僅僅是衣物的設計，更是一種文化的展現。這裡的每一件作品都承載著歷史的厚重與當代的創新。我開始欣賞這座城市的多元性，並學會在傳統與現代之間找到平衡。雖然面對文化衝突的聲音，我依然堅信，巴黎的魅力與創造力將永遠激勵著我，讓我在時尚的道路上不斷前行。

那時，我選擇進入巴黎服裝公會學院（Ecole de la Chambre Syndicale de la Couture Parisienne），這所成立於1927年的學校培

養了許多時尚大師，如Karl Lagerfeld、Yves Saint Laurent、André Courrèges、Issey Miyake三宅一生和Valentino Garavani、Nicole Miller、Tomas Maier等等。我們學校以「畫得出來就該做得出來」的理念為核心，致力於培養出能夠將創意轉化為現實的時尚人才。這一理念不僅強調了設計的實用性，也鼓勵學生在創作過程中保持對技術的尊重和對細節的追求。學校與多家知名時尚品牌和設計工作室建立了緊密的合作關係，為學生提供了豐富的實習機會。這些實習不僅讓學生能夠接觸到真實的工作環境，還能夠建立起寶貴的業界人脈。許多畢業生在完成學業後，迅速在時尚界嶄露頭角，成為設計師、品牌經理或時尚顧問等職位的佼佼者。為全球時尚界輸送了無數優秀的人才，並在不斷變化的時尚潮流中，始終保持著其崇高的地位。在學校的前三年，我專注於打版、立裁和裁縫技巧的訓練。這些基礎課程不僅讓我掌握了技術，更鼓勵我探索個人設計風格。每一次的縫紉練習、每一個樣版的製作，都讓我對時尚的理解逐漸深入。這裡的每一位老師都是業界的專家，他們的指導讓我意識到，時尚不僅是表面的華麗，而是背後深厚的文化底蘊。

　　我們進入第四年的學生課程，開始專注於專業領域，並通過學校安排進行品牌實習。對我而言，能夠在Chanel Haute Couture高級訂製晚裝部門實習，無疑是一次夢幻的體驗。這不僅是對我技術的挑戰，更是對我創意的激發。在這裡，我學會了如何將傳

統工藝與現代設計理念相結合，創造出獨特的作品。在巴黎的這段時間，我深刻體會到時尚的真義。它不僅僅是衣物的設計，更是一種文化的傳承與創新。每一件作品背後都有故事，每一個細節都蘊含著設計師的心血。這段經歷讓我在這個充滿魅力的城市中找到了自己的定位，並激勵我在未來的時尚道路上不斷探索與創新。巴黎，這座時尚之都，將永遠是我靈感的源泉。

選擇在Chanel的FLOU Department（晚裝部門）實習，宛如作夢般，自小我便仰慕Coco Chanel的優雅與獨立，名設計師Karl Lagerfeld的名言「時尚會變，唯獨風格歷久不衰」深深打動了我，成為我追求時尚的指導原則。FLOU部門專注於細緻的布料，如絲綢和歐根紗，並在人體模型上進行立體打版。這一過程需要極高的精確度，從用最細的針標示每個摺痕，到用筆標示初版概念，每一個細節都至關重要。這樣的工作不僅讓我體會到設計完美要求的挑戰，也讓我感受到實際創作的快樂。

在Chanel實習的過程中，我感受到Karl Lagerfeld的風格魅力。他的創意和對細節的執著，讓我明白Chanel如何在時尚界保持獨特的地位和影響力。能夠與這位傳奇設計師共事，我的興奮無法用言語表達。在上班前，我常常會到巴黎第六區的Les Deux Magots咖啡廳，這間自1933年以來吸引無數文青的著名咖啡館。這裡的Art Deco裝飾風格和氛圍讓我倍感愉悅。我喜歡點一杯經典的熱巧克力和一盤生牛肉塔塔，享受這份幸福與滿足感。這些

小確幸，為我即將開始的實習生活增添了無限的期待與動力。

「風格什麼？風格從打破常規。」時尚大師Karl Lagerfeld深刻地揭示了創意與個性在時尚界的重要性。他以其獨特的視角和大膽的設計理念，重新定義了時尚的界限，讓我們明白，真正的風格並非僅僅依賴流行趨勢，而是源於勇於挑戰傳統的精神。他的每一個設計都像是一種宣言，告訴世人：風格是多元的，是個體的，是不斷演變的。他的作品挑戰了性別、年齡和文化的界限，讓每一個人都能在時尚中找到屬於自己的位置。打破常規，勇於探索，這不僅是時尚的核心，也是生活的智慧。風格不是一成不變的標籤，而是一種自由的表達方式。只有在打破常規的過程中，我們才能找到真正屬於自己的風格，並在這個多元的世界，活出獨特的自我。

我第一次見到Karl Lagerfeld時，他的形象深深吸引了我。身穿黑白相間的經典服裝，白襯衫搭配合身的黑色長褲和挺括的西裝外套，無不彰顯出他的品味與風格。那條黑色領帶上別著一枚閃耀的鑲鑽十字架別針，為整體造型增添了一絲奢華。Karl Lagerfeld的髮型是他標誌性的小馬尾，搭配黑色五角形墨鏡，讓他在眾人中顯得格外神祕而獨特。他手中揮舞著一把扇子，仿佛在為自己營造出一種無形的距離感，腳踩矮跟短皮靴，步伐優雅而自信。

那天，我剛好拿資料經過巴黎香奈兒總部的試裝廳，目睹了

時尚大師Karl Lagerfeld正忙著調整設計服裝。模特兒們在台上展示著Chanel Fall 1992的服裝，陽光透過灰白色的taffeta curtain，為整個空間披上了一層柔和的光量。整齊的圓桌上擺滿了設計草圖，牆上懸掛著Art Deco風格的畫作，彷彿每一個細節都在訴說著時尚的歷史。

Karl Lagerfeld與他的助理專注地討論著每一件服裝的細節，他詳細描述了緊身胸衣的設計與裙擺的流動感，無不透著他對時尚的深刻理解。正當我看著出神時，他突然問我：「您覺得這件衣服的設計怎麼樣？」我屏息三秒，時間彷彿凝固，我回答：「哇，非常漂亮！豐胸、挺直脊椎的緊身胸衣細節、深V腰線、黑白羊毛滾邊，使腰部以下蓬鬆的長裙絕對驚艷！」我的生動描述讓他露出了滿意的微笑。那一刻，我感受到時尚的魅力，彷彿自己也成為了那件衣服的一部分。我想我大概是那時巴黎香奈兒總部唯一的亞洲人，他才會對我特別注意。這次交流讓我明白，時尚不僅是外表的裝飾，更是一種自信的展現與內心的表達。每當我回想起那次對話，心中總會湧起一股暖流。這不僅是一次簡單的交流，而是一場靈魂的碰撞，讓我對時尚的理解更加深刻，也讓我對自己時尚設計的追求充滿了勇氣與信心。老佛爺的影響，將永遠伴隨著我，成為我創作道路上的指引。

那段在巴黎Chanel高級訂製服裝總部的實習，讓我每天從九點到六點穿梭於設計、布匹、立體剪裁等不同部門，深刻體會到

時尚產業的每一個細節。每件衣服的誕生都需經過層層關卡，從大小、長短到比例，無一不需精心調整。每季的服裝必須在大秀前十至十二個月開始準備，這讓我感受到高級訂製服裝的嚴謹與重視。這段實習中，我不僅能將課堂上學到的知識應用於實際工作，還能親身參與這個品牌製作的過程。每天下班後，我會撿起地上的碎布料，並將我參與的當季雜誌內容剪下，製作剪貼簿，這些珍貴的記錄讓我感受到自己的成長與進步。

我住在巴黎第六區的Rue de Vaugirard，搭巴士上學和上班的路上，經過RuedeRenne、Saint-Germain-des-Prés和Les Deux Magots，這些地方充滿了浪漫與藝術氛圍。每當經過Pyramide du Louvre和Palais Royal，我都感受到歷史的厚重與文化的魅力，彷彿置身於美劇《艾蜜莉在巴黎》，讓我心中也不禁興奮地想打開窗戶，張開雙臂呼喊著「Linda à Paris（Linda在巴黎）」。這段實習每一天的努力與學習，成為我人生中最美好的回憶，激勵我在未來的旅程中，保持對時尚的熱愛與激情，這份熱情將驅動我在艱難的時刻不斷前行，讓我在追求卓越完美的路上不斷突破自我。

LINDA YANG 高級訂製珠寶
High Jewelry
「征服」玫瑰是切工鑽石、紅寶
石、祖母綠戒指／"Victory" Rose
Cut Diamond, Ruby and Emerald
Diamond Ring

「天恩」鑽石項鍊／"Grace"
Diamond Cross Pendant

GLY
第 3 道光芒

「優雅是一種內在的美，無論外在如何變化，
內心的優雅永遠不會褪色。」
奧黛麗‧赫本（Audrey Hepburn）

在我的成長過程中，我的家庭背景對我的設計理念產生了深遠的影響。我的外婆來自四川奉節，出身於中上階層，外婆的父親為留日學者，這樣的家族背景為我提供了豐富的文化資源。外公在戰爭期間帶領軍隊經過外婆的家，兩者因此結識，外婆隨後成為外公的賢內助，積極參與家庭事務及婦女團體活動，並偶爾參加社交活動。這種家庭氛圍使我對於設計的理解深受影響，尤其是在如何考量每位家庭成員的需求方面。

在我的童年記憶中，放學回家後，餐桌上總是擺滿各式各樣的點心，這不僅是對我們的期待，更是外婆對家庭的關懷體現。她的旗袍成為我對家族故事的連結，也激發了我對高訂服裝設計的熱情。在美國，我經常觀察到奧黛麗·赫本的優雅形象，若她穿著中國旗袍，無疑會展現出高訂服裝的獨特魅力。她曾說過：「優雅是一種內在的美，無論外在如何變化，內心的優雅永遠不會褪色。」這句話不僅是她人生的寫照，也成為了無數人追求的理想。她的生活和事業告訴我們，真正的美在於心靈的光輝和對他人的愛。

我特別想起《花樣年華》中張曼玉所穿的21套旗袍，每一套都展現了經典與摩登的完美結合。這些服裝的布料和設計至今仍然引人注目，讓人聯想到當時的迷人氛圍。正如所言，「優雅唯一不會褪色的美。」然而，自2000年以來，旗袍的設計風格已經發生了顯著變化，胸部和腰部的線條更加突出，設計更為貼身，

開叉高度的增加使得腿部線條更為明顯。相比之下，傳統旗袍則更為優雅，並不強調身形曲線，開叉高度較低，露腿的部分也相對較少。這使我聯想到奧黛麗・赫本在《羅馬假期》中所穿的長傘裙，以及在《第凡內早餐》中那件黑色禮服，這些服裝不僅是時尚的象徵，更是文化傳承的體現。在我的設計過程中，我始終尋求將優雅與歷史相融合，創造出具有文化深度和時尚感的作品。

外婆的衣櫃永遠是我神祕的時尚寶藏，存放著多件精美的旗袍，涵蓋多種色彩和圖案，這些服飾的設計和工藝引人注目。每當我進入她的房間，總能感受到一種優雅與古典的氛圍。外婆的化妝檯上擺放著各類化妝品，包括口紅、香水及她珍藏的珠寶首飾，這些物品的光澤顯示出其高品質和獨特性。

有一天，外婆不在房間，我便試穿了她的一件旗袍。這件淡藍色的旗袍上繡有精緻的梅花圖案，象徵著春天的生機。由於外婆的身材較為纖細，而我當時約14歲，身高164公分，因此旗袍在我身上顯得格外合身。當我轉身時，感受到柔軟的布料緊貼肌膚，心中不禁湧現出一種自信的感覺。

我偷偷的用了外婆的口紅，鮮紅的色澤與我的膚色形成鮮明對比，讓我不由自主地對著鏡子微笑。隨後，我噴上了Chanel香水，淡雅的花香彷彿將我帶入一個夢幻的境界。最後，我穿上高跟鞋，站在鏡子前，感覺自己宛如一位優雅的淑女。我輕輕轉動

身體，旗袍隨之擺動，彷彿在演繹著古老的旋律。心中不禁幻想，若能在一場華麗的晚會上，與外婆共同翩翩起舞，將會是多麼美好的畫面。然而，這份喜悅卻在外婆的腳步聲中戛然而止。我急忙脫下旗袍，心中充滿了不安與期待。

當外婆走進房間，看到我略顯慌張的樣子，卻露出了慈祥的微笑。她輕輕撫摸著旗袍，似乎看到了年輕時的自己。那一刻，我意識到，這不僅僅是一件衣服，更是一段跨越時代的傳承故事，承載著家族的歷史與情感。

隔天下午，外婆邀我陪她去挑布料。我們來到衡陽街的一家知名布店，外婆一進去就受到店員的熱情招呼。店內五光十色的布匹讓我目不暇接，外婆在其中挑選著，像是在尋找一件珍寶。我指著一塊漂亮的粉色布，外婆笑著說：「感覺很年輕耶！」我點頭表示喜歡，心中卻暗想，難道她發現我試穿了她的旗袍？外婆的眼神中閃爍著一絲狡點，我們對視一笑，心中默契了然。她提議要給我做一件旗袍，我的心瞬間被甜蜜的期待填滿。最終，我們選了四塊布，價格不便宜，讓我驚訝，但外婆卻毫不在意，似乎這是她心中早已決定的事。接著，我們來到裁縫店，師父仔細為我們量身，打版後再試穿。每一次的調整都讓我更加期待，整件旗袍幾乎都是手工縫製的，外婆在一旁不時指導，眼中流露出對我的關心與期待。不久後，我的第一件正式中式服裝終於完成了。

當我穿上那件旗袍的那一刻，感受到一種前所未有的優雅與自信。布料輕柔，剪裁合身，仿佛每一針每一線都在訴說著外婆的愛與祝福。這不僅是一件旗袍，更是我與外婆之間深厚情感的象徵。每當我穿上它，心中總會湧起滿滿的感激，謝謝有這樣一位充滿智慧與愛的外婆。

我14、15歲時，開始接觸高級訂製服裝，這段經歷讓我對服裝的剪裁和設計有了更深的理解。高級訂製服裝的過程，無論是東方的旗袍還是西方的長禮服，都是經過多次試穿和修改，最終呈現出一件極具質感的作品。旗袍的特色在於立領、盤扣和連身設計，隨著時代變遷，剪裁逐漸注重腰身，展現出女性的曲線美。受到西方設計風格的影響，旗袍也開始融入蕾絲、透明歐根紗等高級面料，設計變得更加貼身，甚至出現了短袖和無袖的款式。這種東西文化的融合，使得旗袍在國際上成為中國女性的代表服飾。對我來說，外婆的形象尤為深刻。她總是穿著精心設計的旗袍，無論是素面布料搭配花邊，還是花色布料配以素面輥邊，每一套都展現出她的優雅。

外婆的旗袍設計講究，小圓角立領和合身收腰的剪裁，讓她的氣質更加出眾。她的髮型和配飾隨著旗袍的不同而變化，無論是披著雙面的披肩，還是搭配高跟鞋，外婆總是那麼優雅。在這樣的環境中成長，我耳濡目染，深深感受到高級訂製旗袍的典雅與傳統。外婆的穿著不僅是服裝，更是一種文化的傳承，讓我對

中國傳統服飾有了更深的認識和敬意。這段經歷不僅塑造了我的審美觀，也讓我明白了服裝背後的故事與情感。

如今，我有兩個可愛的女兒，姊姊Claire身高179公分，妹妹Lauren身高182公分。她們的身材高挑，宛如超模，姊妹感情也非常好。每當我們三個一起出門，總能吸引眾人的目光，尤其是前年我們在香港中環購物時，回頭率幾乎達到百分之九十，讓我感覺特別酷。

每次她們回台北，總會翻我的衣櫥，挑選各式服裝、手飾、皮包和鞋子。看著她們穿上我的衣服，讓我不禁想起年輕時也曾翻看外婆和媽媽的衣櫥。姊姊經常問我：「媽，我可以穿這件Hermès外套嗎？」我心中雖然有些不捨，但還是答應了她：「好吧，妳可以帶去美國穿！」妹妹也會說：「我也喜歡這個Kelly包，媽，這個以後可以給我嗎？」我笑著說：「以後還不一定是妳們的呢！」她們對我的珠寶也充滿興趣，姊姊手上閃亮的戒指幾乎都是我給的，這些都是我早期設計的高級訂製珠寶。與女兒們一起的時光，讓我感受到無比的幸福，愛她們的感覺就像我從小被愛的滋味。

我靜靜地看著我的女兒們。她們笑聲如銀鈴般清脆，彷彿時光倒流，讓我想起了自己七歲時的模樣。那時的我，穿著一套白底淺藍小花套裙，裙擺隨著我的每一個動作輕輕擺動，百摺領的七分袖在陽光下閃爍著柔和的光芒，腰間繫著一條粉紅色的緞

帶，讓我感到無比的優雅。好像外婆微笑地看著我，眼中流露出無限的慈愛和驕傲。她的手指輕輕撫摸著我的頭髮，告訴我如何在生活中保持優雅，無論是言談舉止，還是對待他人的態度。那一刻，我感受到了一種深深的連結，彷彿她的優雅氣質在我心中延續，成為我成長過程中不可或缺的一部分。如今，當我看著我的女兒們，心中不禁湧起一陣暖流。她們的笑容和我當年的模樣如出一轍，無論是那份純真，還是對生活的熱愛，都讓我想起了外婆的教誨。我希望能像她一樣，成為她們心中那道溫暖的光，指引她們走向未來。

　　這個瞬間，我明白了，優雅不僅僅是一種外在的表現，更是一種內心的修養。無論外在如何變化，內心的優雅永遠不會褪色。也成為我日後設計創作的重要理念。我希望我的女兒能在這份優雅中找到自己的道路。不管未來如何，都能自信地面對生活的每一個挑戰。就像外婆曾經對我說的那樣，優雅地生活，才能讓生命的每一刻都充滿意義。

LINDA YANG 高級訂製珠寶 High Jewelry
黃色綠柱石、粉紅色藍寶石、鑽石耳環及戒指
Yellow Beryl and Pink Sapphire Diamond Ring and Earrings

GLY
第
4
道光芒

「真正的奢侈，正是心靈的富有與無私的奉獻，
進而得到無與倫比的快樂！」

在當今社會，奢侈的定義常常被物質所主導，然而，真正的奢侈卻是心靈的富有。心量的寬大，讓我們能夠超越自我，去理解他人，去感受生活的美好。這種奢侈，不是金錢所能衡量的，而是一種深刻的內在修養。當我們學會分享與付出，便能體會到無比的快樂。分享不僅僅是物質的贈予，更是情感的交流與思想的碰撞。當我們將自己的時間、精力和愛心投入到他人身上時，心靈的滿足感會如潮水般湧來。這種快樂，遠比擁有奢華物品來得真實而持久。

心量的富有使我們能夠包容他人的缺陷，理解他人的苦楚。在這個充滿競爭的世界裡，能夠放下自我，去關心他人，這是一種難得的奢侈。當我們用心去聆聽、去支持，便能在他人的笑容中找到自己的幸福。付出也是一種自我成長的過程。每一次的付出，都是對自我價值的重新認識。當我們看到因自己的付出而改變的生命，心中那份成就感無可比擬。這種感覺，讓我們明白，真正的奢侈不在於擁有多少，而在於我們能夠影響多少。

小時候，我常常看到家裡來了許多大人，無論是親戚還是朋友，特別是那些高官來訪，總是和外公談論一些重要的事情。外公一生服務於國家，對於應對各種事務的能力和見解，讓他在這些場合中顯得格外受人尊敬。每當這些客人來到，我都能感受到一種特殊的氛圍，彷彿家裡成了小型的會議室，充滿了智慧的交流。

我生長在一個大家庭裡，外公有六位兄弟姐妹，而外婆則有七位兄弟姐妹。這樣的大家庭讓我從小就體會到親情的溫暖。外公外婆生了三個孩子：大舅王華燕（台揚科技公司創辦人）、母親王華靜和小舅王華蓋。雖然外公常常忙於工作，但他對周圍親戚的關心與照顧卻是有目共睹的。每當外婆的兄弟姐妹來訪，外公總是熱情接待，讓他們感受到家的溫暖。

外公的愛心和寬容，讓我們這些晚輩也學會了如何對待親人。每次家庭聚會，大家圍坐在一起，分享生活中的點滴，笑聲和談話聲交織在一起，讓我感受到家庭的凝聚力。外公外婆的互動，讓我們看到了長輩之間的深厚情誼，也讓我明白了尊重和關愛的重要性。

在這樣的家庭氛圍中，我學會了珍惜每一個與親人相處的時刻，因為這些回憶將成為我一生中最珍貴的財富。外公的智慧和愛心，將永遠指引著我，讓我在未來的人生中，繼續傳承這份親情的力量。

外公外婆送給我的結婚禮物上寫著：「相敬以禮，相愛以誠；相諒以恕，相助以勤；白年好合，幸福永恆。」這幾句金言深深植根於我的心中，成為我日常生活中的指導原則。無論是與人互動，還是面對錯誤，我始終堅持互敬、互愛和寬恕。這種從小耳濡目染的價值觀，讓我在對待他人時，始終保持誠懇與包容，漸漸地形成了一種習慣，這是我對家族精神的傳承。

我一直用爺爺奶奶來稱呼外公外婆，這份親切感讓我對他們的敬愛更為深厚。特別是在1993年外公過世的那段時間，許多長輩來到家中致意，其中一位是台灣第八任副總統李元簇先生。他在我鞠躬致意時，讚揚我的外公「很了不起」，並豎起大姆指。那一刻，我明白了外公的偉大。他為國家和人民無私奉獻，從不需要頭銜來證明自己的價值，也不會因地位的提升而自滿。

　　外公的功業雖然很少對外宣揚，但卻充滿意義和影響力。他的精神激勵著我，讓我在生活中始終保持真誠與努力。我希望能將這份傳承延續下去，讓未來的每一代都能感受到這份珍貴的情感與價值。正如外公外婆所教導的，唯有相敬相愛，才能共創幸福的未來。這不僅是對他們的承諾，更是我對生活的信念與追求。

　　受到外公外婆的影響，我對慈善公益的認同格外用心。2017年，我參加了台北文華東方酒店主辦的「華麗威尼斯慈善晚宴」，在慈善大使袁家慶先生的主持下，我的兩套珠寶設計「坎城星光紅毯（Rouge à Cannes）」系列以120,000元和118,888元成交，超出起標價近一倍，所募得款項全數捐贈給「台灣關愛之家」，幫助非本國籍的寶寶。這一系列的靈感源自我在法國留學的經歷，融合高級訂製珠寶的理念，展現女性在不同場合的魅力。「坎城星光紅毯」系列特別受到坎城影展的啟發，運用毛絨、珍珠和水晶等元素，打造出優雅而華麗的珠寶，讓女性在晚

宴中展現獨特的風采。2019年，我受邀成為儒群公司的年度慈善大使，參加威海及石島的年度大會，並捐出GLY品牌設計作為抽獎活動的壓軸，受到熱烈歡迎，讓我深感感動與快樂。

　　慈善活動不僅是物質的奉獻，更是心靈的交流和情感的共鳴。我的每一件作品都旨在深刻影響人們的心靈，並希望在未來能透過設計和慈善活動，帶來更多的美麗與感動。這些經歷不僅讓我回饋社會，也讓我在設計中注入了愛與力量，期許以延續的愛祝福身邊的每一個人，激勵更多人參與慈善事業。

GLY「坎城星光紅毯Rouge à Cannes」系列　灰白貂毛套組項鍊

GLY藍銀狐毛套組手環

GLY 第 4 道光芒

「真正的奢侈，正是心靈的富有與無私的奉獻，進而得到無與倫比的快樂！」　057

GLY
第 5 道光芒

「人生唯有勇敢面對，才能在黑暗中尋找到星光。」

我的大兒子高中畢業了！我們決定一起去巴黎五天，再到義大利米蘭四天度假。2013年3月，我問Geoffrey：「寶貝，你高中畢業了，我們一起出國旅行吧？」他興奮地回答：「好啊！Mommy！」我提議去巴黎和義大利，他立刻同意，還說只要有WiFi的酒店就好，真可愛！

我們的行程充滿期待，巴黎和米蘭都是需要走很多路的地方。抵達巴黎後，每天都在街頭漫步，享受城市的美景。有一天，我們叫了車，遇到一位友善的中東司機，他熱情地帶我們四處遊覽。那天，我們在盧森堡公園和杜樂麗花園散步，感受著巴黎的寧靜與美好。

盧森堡公園的噴水池和花景讓人心醉，市民們靜靜地閱讀，讓我和兒子感受到一種放鬆的氛圍。杜樂麗花園則是巴黎的休閒勝地，曾經是王后凱薩琳設計的，現在成為了人們的聚集地。我們還經過香榭麗舍大道，欣賞到壯觀的凱旋門和艾菲爾鐵塔。

在巴黎塞夫爾路的愛馬仕店，我被其典雅的設計吸引。店內展示著各式商品，我挑選了幾條圍巾和皮包，還有許多東西。正當我沉浸在購物的樂趣中時，櫃姐悄悄走到我身邊，低聲告訴我，剛剛到了一個凱莉包，邀請我到裡面的房間去看看。我心中一震，凱莉包是愛馬仕的經典之作，眼前的景象令我驚艷不已。那個閃電藍的凱莉包在燈光下閃耀著，宛如星空中的一顆明珠。它的色彩鮮豔而不張揚，皮革的質感更是讓人愛不釋手。我輕輕

撫摸著包包的表面，感受著它的柔軟與堅韌，心中不禁湧起一股喜悅。這次旅行，無疑買到凱莉包是完美的大豐收。

在巴黎的Pont des Arts橋上，我和兒子感受到了浪漫的氛圍。這座橋因情侶們在欄杆上掛鎖而聞名，象徵著永恆的愛。兒子默默地觀察著那些五彩繽紛的掛鎖，卻沒有透露他心中所想的對象。隨後，我們前往米蘭，入住了著名的Georgio Armani Hotel。這家酒店位於時尚區的Manzoni31大樓，外觀的燈光設計令人驚嘆，室內則以現代感的灰、黑、淺綠和白色金為主色調，讓人感受如同回家般的舒適。

米蘭的Armani Hotel靠近La Scala劇院和杜莫廣場，這裡是城市的商業和慶祝活動中心。酒店的設計融合了1930年代的古典建築與現代元素，讓人感受到獨特的魅力。在酒店用餐時，窗外的美麗教堂讓我們的用餐體驗更加難忘。頂樓的Spa和Jacuzzi則是放鬆心情的理想場所。

在米蘭的日子裡，我們漫步於Duomo Galleria旁的La Rinascente百貨，探索各大名牌。在Fendi的專櫃中，一位會說普通話的銷售員向我推薦了一款當時流行的PeekaPoo包，讓我忍不住購買。雖然我剛在巴黎買了凱莉包，但這款包的經典設計讓我心動不已。走在Via Montenapoleone，這條米蘭最昂貴的街道上，名牌雲集，讓人目不暇接。坐在Il Salumaio di Montenapoleone的戶外餐廳，享受著美食，周圍的優雅環境讓人倍感放鬆。這段旅

程，無疑是我和兒子共同的美好回憶。

在巴黎的奧賽博物館，欣賞到梵谷的《星夜》，讓我深受感動。這幅畫作創作於1889年，正值梵谷在聖雷米的艱難時期。畫中那迴旋的筆觸，將星星、月亮和雲朵描繪得如夢似幻，彷彿在訴說著他內心的掙扎與不安。巨大的星星和火焰般的樹木，無不展現出他那份苦悶的情感。

梵谷在與高更的爭吵後，精神狀態惡化，甚至割下了自己的左耳，這段歷史讓我對他的作品有了更深的理解。他的畫風逐漸轉向表現主義，充滿了憂鬱與悲劇的幻覺。站在《星夜》面前，我感受到那股強烈的情感，彷彿能聽見他在夜空中呼喊的聲音。

我問兒子對這幅畫的看法，他回答道：「我覺得Vincent這幅畫中的星星用盡所能發光，就像要照亮整個夜空一樣，恆久而美麗。」他的話讓我心中一震，這正是梵谷所追求的光明與希望。我告訴兒子：「我也有同感！但我更希望我能為我們的家帶來滿滿的祝福與溫暖的光。」在這幅畫的啟發下，我開始思考自己在家庭中的角色。就像梵谷努力讓星星閃耀，我也希望能成為家中的那道光，照亮每個角落，帶來愛與溫暖。這次的旅程不僅讓我欣賞到了藝術的美，更讓我反思了自己的人生與家庭的意義。希望在未來的日子裡，我能像梵谷的星星一樣，為我的家帶來永恆的光輝。

這幅畫的意涵讓我回想起2013年5月，兒子的畢業典禮在台北美國學校舉行，當我走進那個熟悉的校園大廳，心中五味雜陳。校長、導師和學生代表的演講陸續展開，孩子們的期待與興奮在空氣中彌漫。當聽到「Geoffrey Chao」時，我的心情既欣喜又複雜，眼淚幾乎奪眶而出。畢業典禮結束後，孩子們笑容滿面，家長們聚在一起合照留念。此時，我不得不面對前夫及他的父母。前公公穿著筆挺的西裝，前婆婆則是高雅的旗袍，我們都努力保持自然，為了孩子們的面子。雖然心中有些不自在，但我知道這是無法避免的互動。回想過去，曾經的種種傷心的情緒讓我心中浮現陰影。然而，我明白我必須面對這場人生重要的舞台，不能轉頭離去，否則未來一定會後悔。人生如戲，每個角色都有其意義。只要我正面面對，便能在黑暗中找到星光。與其改變別人，不如改變自己。

我調整好心情，決心在這不簡單的環境中，給予孩子們更多的愛與鼓勵。每一天都是一場新的演出，我要在這舞台上，讓自己發光發熱。「人生唯有正面面對，才能在黑暗中尋找星光。」在生活的舞台上，我們常常會遭遇挫折與失敗。這些時刻，猶如夜空中的烏雲，遮住了星光，讓我們感到迷茫與無助。然而，正是這些困境，塑造了我們的性格，鍛鍊了我們的意志。當我們選擇不屈服於困難，而是勇敢地迎接挑戰時，內心的光芒便會逐漸閃耀。隨著時間推移，Geoffrey也即將前往洛杉磯讀大學，送他

到學校的那一刻，我心中充滿不捨。停車場裡，淚水潸然落下，思緒萬千。孩子的獨立成長如同放飛的風箏，我必須學會放手，讓他自由翱翔。這段旅程雖然艱辛，但我相信，他在大學生活中一定找到自己的方向，平安喜樂地成長。

GLY「新亮點」袖釦

GLY「往前愛」袖釦／耳環

GLY 第 6 道光芒

「唯有那份認真付出所帶來的快樂，
才是最真實的。」

我的品牌GLY的第一條鍊子「Trinity」於2014年誕生，象徵著時尚的永恆，承載著「愛情、智慧、祝福」的意義。在設計過程中，我投入了大量心思，從Logo到鍊子上的配件連結與細節搭配，每一個環節都經過精心考量。當時，我並沒有過多的計劃，只是專注於將這件作品完成。當我看到自己的創作終於成型，心中的喜悅無法言喻，迫不及待想與親友分享。朋友們的反應讓我倍感驚喜，Ginny一口氣挑選了100條，怡寧選了10條，Emily也選了20條……這些還只是小部分的分享。她們的喜愛不僅讓我感受到支持，更增強了我對設計的信心。每一條鍊子背後，都有著我對美的追求與對生活的熱愛。

　　隨著品牌的逐漸發展，設計系列也愈加豐富。我曾在新光三越百貨公司舉辦快閃店活動，第一、第二天的人潮洶湧，顧客們排成長隊，熱情選購。看到自己的創作能夠受到如此多人的喜愛，讓我深感欣慰。這不僅是對我設計的肯定，更是對我未來創作的激勵。「Trinity」不僅是一條鍊子，它代表著我對美好生活的嚮往與追求。我希望能繼續創作出更多充滿意義的作品，讓每一位佩戴者都能感受到那份獨特的情感與故事。

　　那天，我在專櫃忙碌地為顧客介紹我的設計，突然，一位陌生女士走了過來。她的目光在我展示的GLY系列上停留，眼中閃爍著興奮的光芒。她仔細端詳每一件作品，似乎被其中的獨特設計深深吸引。就在那一瞬間，她毫不猶豫地選擇了七件，讓我驚

訝不已。第二天，她又帶著幾位朋友回來，這次的氣氛更加熱烈。我的姊妹Joy站在一旁，目瞪口呆地看著這一幕，忍不住問我：「妳認識她們嗎？她們買瘋了！」我微笑著搖頭說：「不認識！她昨天經過時，剛好聽到我在專櫃介紹，今天又帶朋友來買！」這段時間的銷售成績亮眼，甚至創下了百貨全樓的消費最高紀錄。每一筆交易都讓我感受到設計的力量，讓我明白，真正的藝術不僅在於創作，更在於與人分享。顧客的熱情回應，讓我對未來充滿期待。

我開始思考，或許這正是我努力的回報。每一件GLY的背後，都有我無數的心血與創意，而現在，這些作品終於找到了它們的主人。這種感覺無法用金錢來衡量，只有在心底的滿足感，才是最真實的獎勵。隨著銷售的增長，我的信心也在不斷提升。我希望能將這份熱情延續下去，創造出更多能打動人心的設計。

就在此刻，一個陌生的簡訊傳來，讓我心中不禁緊張。曾經因為相信陌生簡訊而受過騙，我對這類訊息總是小心翼翼。這條簡訊用英文寫著：「May I know if you are the designer of this necklace is?」我猶豫了一下，最終還是禮貌地回覆了她：「Yes! I am the designer for this necklace and also the brand founder! This piece is 'Maria'。」

她的回覆讓我驚訝：「I am so glad to find you!」隨後，她分享了她的故事。原來她在一個活動上看到朋友佩戴這條鍊子，

盛讚這條珠寶設計的美麗，朋友竟然將鍊子送給了她。她說：
「We are like sandwich cookies! We take care of our children, we take care of our parents!」聽著她的話，我感受到她的溫暖與堅韌。

然而，故事的轉折讓我心中一震：「But, my second child passed away last year of cancer.」我立刻感到心痛，回應道：「I am so sorry to hear this news!」她告訴我，這條鍊子在她最痛苦的時刻給予了她力量，幫助她療癒心靈，帶來平安與喜樂。

這位陌生女性的感謝與分享深深觸動了我。她的故事讓我明白，設計不僅是創作，更是能夠影響他人心靈的力量。透過她的經歷，我感受到了一種奇妙的連結，彷彿我的創作也能帶來希望與療癒。這次的交流不僅讓我重新認識了自己的作品，也讓我勇敢面對過去的恐懼，心中充滿了勇氣與光明。

在我從事設計的過程中，始終堅信只要決定去做，就必須全力以赴。與朋友們的互動中，我常常會有所保留，對於分享與回應也多是客套。然而，讓我驚訝的是，我從未想過自己的作品竟然能夠治癒他人的心靈！這種奇妙的感受，尤其是來自陌生人的感謝與回饋，讓我感受到一種前所未有的快樂。

每當我回想起GLY設計的作品與他人的互動，心中總是充滿了喜悅。那些故事和感受，彷彿在我的生命中留下了不可磨滅的印記。這些回饋不僅是對我工作的肯定，更像是一扇窗，讓我看

見了設計的力量。它不僅僅是形狀與顏色的組合,更是情感的傳遞,是心靈的共鳴。

　　我常常思考,這個世界上有多少人情世故是可以留住的?或許,唯有那份認真付出所帶來的快樂,才是最真實的。這種快樂是獨一無二的,只有我能夠深刻感受。每一次的創作,每一次的交流,都讓我明白,設計不僅是我工作的方式,更是我與世界連結的橋梁。在這些過程中,我學會了珍惜那些來自他人的回饋,因為它們讓我明白了自己的價值。這份快樂將永遠伴隨著我,成為我心中最珍貴的寶藏。設計的奇妙之處,正是它能夠讓我們彼此相連,並在這個過程中找到屬於自己的快樂。

LINDA YANG 高級訂製珠寶
High Jewelry
「公主」紫色藍寶石、鑽石
戒指／"The Princess" Purple
Sapphire, Diamond Ring

「皇后」紫水晶、鑽石戒指／
"The Queen" Amethyst, Diamond
Ring

GLY
第
7
道
光
芒

「最靠近你心裡的那道光，可以照亮你眼前的黑。」

2017

2017年初，我和好友Jessica通話，這次通話成為我與莫內家族建立一段特殊緣分的開端。Jessica是個在藝術領域頗有研究的朋友，也曾經開過自己的藝廊。她告訴我，她即將邀請莫內的外曾孫Monsieur Christian Piguet到台中演講，分享他曾外祖父莫內大師對19世紀世界藝術界的貢獻和影響。她希望我也能參加，因為我有藝術的見解，又曾在巴黎學習。

當天，我搭乘高鐵南下台中，朋友們安排我們在一家日本餐廳用餐，這是我第一次見到Monsieur Christian Piguet。他給我的第一印象是穩健、和藹且非常親切。在用餐的過程中，我們用法語交談，Monsieur Christian也帶來了他的朋友Luc吳先生，一位學識淵博的經濟學家和教授，當天他還負責了中文與法文的翻譯工作。我們一邊享受美食，一邊聊得非常愉快。

飯後，我們來到台中國家歌劇院，這座由日本建築師伊東豐雄設計的建築物，以「洞窟」和「地穴」為設計靈感，耗時五年建造完成。歌劇院的外觀非常獨特，內部設有大劇院、中劇院和小型實驗劇場。當天，陽光和煦，我們在輕鬆愉快的氣氛中欣賞這座具有現代感的建築，一邊討論著藝術、建築和生活的美好。

我：「Monsieur Christian, enpartageantmondesign, pouvez-vous voir la significationdecettechaîne?」

（分享我的設計，你看得出來這條鍊子有什麼意義嗎？）

Christian先生：「J'ai vu une clé, au milieu, euh...」

（我看到一把鑰匙，L在正中間，嗯……）

Christian先生：「Votre dessin est magnifique! Le Logo est sympa aussi!!」

（妳的設計美極了！Logo也很酷！）

Christian先生的反應至今仍在我心中迴響，他曾說：「也許有一天，妳可以到法國，展現妳的創作！或許就在莫內花園展出！」這句話不僅是一種鼓勵，更是一種無形的力量，讓我對未來充滿期待。能夠在莫內家族的花園中展出作品，對我而言，這不僅僅是榮譽，更是對藝術的深刻連結。回想起在法國高訂服裝學校的日子，那段時光讓我對印象派藝術產生了深厚的熱愛。尤其是莫內的作品，光影的變化和色彩的運用，成為我珠寶設計靈感的源泉。我努力將這些元素融入我的創作中，讓每一件珠寶都能展現出獨特的光影美學。在我的設計中，光線的折射和反射是我最重視的部分。我希望觀者能夠在每一件作品中感受到來自「光」的喜悅與魔力。GLY的色彩和光影，讓人們在佩戴珠寶的同時，體驗到那份來自藝術的感動。這不僅是對印象派的致敬，也是我對自身創作的深刻理解。

莫內的水花園（Le Jardin d'Eau）無疑是《睡蓮》系列創作的靈感來源，這些作品不僅呈現自然景觀，更是他對光線、色彩和氛圍的深刻探索。莫內從日本浮世繪中汲取靈感，特別是在睡蓮池和日本橋的設計中，融入了東方的風情。這種獨特的美學讓我在珠寶設計中找到了無限的靈感。莫內以細膩的筆觸捕捉光影變化，這種技術深深影響了我對顏色和光線的處理方式。《睡蓮》中的色調層次，特別是藍紫色系和綠色，為我的設計帶來了重大啟發。這些顏色在珠寶設計中能夠創造出豐富的層次感和動感，並且容易與各種服裝搭配，形成和諧的整體效果。

在我的「丹泉湧雅」珠寶作品系列中，丹泉石的紫藍色與漸層藍寶石的結合，充分展現了這些顏色的魅力與變化。流蘇耳環的設計更是將光影和動感融合，讓珠寶在不同光線下展現出多樣的效果，正如莫內筆下水面波光的變幻。這樣的設計不僅是對莫內藝術的致敬，更是我對自然與藝術交融的追求。

莫內的藝術風格在19世紀末的印象派運動中，無疑是一種顛覆性的創新。他打破了傳統的陰影和輪廓線，將焦點轉向色彩的交融和光影的流動。這種變革使他的畫作充滿了瞬間的感覺和動感，讓觀者仿佛能夠感受到自然界的變化與生命的脈動。特別是在他的晚年作品《睡蓮》系列中，儘管受到白內障的影響，莫內依然能夠創作出充滿生命力的作品，這不僅是他藝術才華的體現，更是他對光的執著追求。在這些作品中，莫內對顏色的細膩

運用，使得每一幅畫都如同一首詩，流淌著光影的韻律。他的畫作不再是靜止的，而是充滿了動感和情感的交織。

這種對光的敏銳感知深深打動了我，並激發了我在珠寶設計中的創作靈感。我將這份對光的感悟融入到我的「丹泉湧雅」系列設計中。每一件珠寶都旨在展現獨特的光影效果和美感，讓佩戴者能夠感受到光的變化與流動。透過精緻的工藝和色彩搭配，我希望能夠捕捉到那種瞬息萬變的美，讓每一件作品都如同莫內的畫作一般，充滿生命的活力與靈動。在這個系列中，光不僅是物質的反射，更是情感的傳遞。我希望觀者能夠在每一件珠寶中，感受到那份對光的熱愛與追求，正如莫內在他的畫布上所展現的那樣。

莫內的藝術風格確實改變了陰影和輪廓線的傳統畫法。他的畫作中，陰影和輪廓線不再明顯，取而代之的是色彩的交融和光影的流動。這種風格使他的作品充滿了瞬間的感覺和動感。莫內對顏色的細膩運用，也讓他的畫作充滿了生動的色彩，我對莫內晚年作品特別是《睡蓮》系列，充分呈現出一種堅韌與對光的追求。我將這份對「光」的感悟融入到珠寶設計中，讓每一件作品都能夠展現出獨特的光影效果和美感。我的「丹泉湧雅」系列的設計，正是對光影和色彩的深刻理解的體現。

法國和我之間的連結，確實如同一場美麗的緣分，從在法國學習高級訂製服裝，到回台灣後，卻在台灣因緣際會與莫內的曾

外孫相遇，又收到來自莫內曾外孫的法國合作的邀請，世界是如此小，如同奇妙的命運編織巧合。

「自然的光影猶如一支畫筆，輕輕地在我們的生活畫布上勾勒出無數的瞬間。」每當陽光透過樹葉的縫隙，或是夕陽染紅了天際，這些光影便成為了藝術創作中不可或缺的元素。它們不僅賦予每一件藝術作品、每一個珠寶設計、每一座建築新的動態美，更是靈感的源泉，讓創作者在瞬息萬變的光影中尋找到獨特的美學感受。我的珠寶設計，正如莫內的畫作，展現了光影變化的奇妙。每一件作品都在捕捉那一瞬間的美好，無論是晨曦的柔和，還是黃昏的金色，這些光影都在我的設計中交織，形成一幅幅生動的畫面。

GLY的設計理念強調在每一個光景的當下，學會珍惜與放下。這不僅是對藝術創作的理解，更是對生活的深刻體悟。在這個快節奏的時代，我們常常忽略了身邊的光影一瞬間。每一個光影的瞬間都是珍貴的，每一段經歷和每一次機遇，都讓我們的人生更加豐富多彩。

LINDA YANG 高級訂製珠寶 High Jewelry
「丹泉湧雅」系列戒指／"Tanzanite Spring Up Elegance"
Tanzanite, Blue Sapphire, Diamond Ring

「丹泉湧雅」系列耳環／"Tanzanite Spring Up Elegance"
Tanzanite, Diamond Earrings

GLY
第
8
道光芒

「一切，都是從光輝燦爛的母愛開始，這份愛
如同一種永恆的力量，給我無限的支持。」

住香港寶雲道的日子，宛如一幅美麗的畫卷，充滿難以忘懷的回憶。淺水灣的風景如詩如畫，每當夕陽西下，金色的光芒灑在海面上，心中便會湧起一陣暖意。這裡的每一個角落都散發著優雅的氣息，讓人忍不住想要細細品味。我住的大廈裡，與明星的偶遇更是為生活增添了無限色彩。我常常在電梯裡碰到鞏俐。她住在我們同一棟的頂樓，每次見到她，總是面帶微笑，優雅的氣質讓人不禁讚嘆。她的妝容總是精緻，髮型更是別具一格，讓我每次都忍不住多看幾眼。她的微笑彷彿能瞬間融化一切疲憊，讓我感受到生活的美好。

在這裡，生活的節奏似乎變得緩慢而悠然。每天清晨，我會在陽台上喝著咖啡，眺望著海面上閃爍的波光，感受著微風輕拂。偶爾，我會在附近的咖啡店裡，與朋友們聚會，分享生活中的點滴，笑聲瀰漫在空氣中，讓人倍感溫暖。而每當夜幕降臨，淺水灣的燈光開始閃爍，整個區域彷彿被星星點綴。這時，我會與家人一起散步，享受著這份寧靜與美好。譚詠麟，這位曾經紅極一時的歌手，對我而言不僅是音樂的代表，更是心中難忘的回憶。那一天，我正準備出門，恰巧遇到剛打完高爾夫球的阿倫。他風度翩翩，優雅地將門拉開，並一手扶著門，一手比著請進的動作，溫柔地說：「請進，妳先啊！」那一刻，我懷著大肚子，感受到他的體貼與關懷，心中不禁暖流湧動。這些明星的親切舉動，讓我深刻體會到他們的真實與善良。譚詠麟不僅在舞台上光

芒四射，私下裡的他同樣展現出紳士風度，讓人感受到一種難得的親和力。無論是他在演唱會上的激情表現，還是生活中的隨和態度，都讓我對這位巨星有了更深的認識。回想起與鞏俐的偶遇，她那燦爛的微笑如同陽光般溫暖，瞬間融化了我心中的距離感。這些瞬間彷彿是設計精美的珠寶，永遠在我心中閃耀著光彩。每當我聽到譚詠麟的歌聲，或是看到他在螢幕上的身影，心中總會湧起那份懷念與感動。

在1990年代的香港，淺水灣的The Verandah餐廳對我而言，是一個不可或缺的心靈角落。這裡面對著如畫的淺水灣，窗外的風景總是讓人心醉神迷：遊艇在水面上輕輕搖曳，滑水者在陽光下劃出一道道優雅的弧線，彷彿每一個瞬間都被時間凝固。那種悠閒的氛圍，讓我每次來到這裡都感受到一種無法言喻的欣慰。餐廳內，吊扇的嗡嗡聲伴隨著棕櫚樹的搖曳，彷彿在低語著過去的故事。The Verandah的裝潢雖然是對1920年代風格的複製，但那種宏偉的氣派和優雅的設計，卻讓我每次踏入都感受到一種懷舊的風情。白色的桌布上擺放著精緻的餐具，服務生的微笑和周到的服務，讓每一餐都成為一種享受。The Verandah不僅是用餐的地方，更是我與朋友們分享生活點滴的空間。每一次的聚會，都是對過去的追憶與對未來的展望。我們在這裡談笑風生，分享著彼此的夢想與煩惱，彷彿時間在這片刻靜止。每道菜的味道都彷彿帶著故事，讓我們的回憶更加深刻。

有一次，媽媽從台灣來探望我，帶來了一副鑲有鑽石的耳環。雖然耳環的價值不菲，但卻不太符合我當時的風格。我問媽媽是否可以將鑽石改造成其他設計，媽媽欣然答應，並鼓勵我發揮創意。受到媽媽小姆指上尾戒的啟發，我決定將耳環的鑽石重新設計成一個獨特的尾戒。這不僅是對珠寶的再創造，更是對母女情感的延續。每當我佩戴這個尾戒，心中總會想起對媽媽的思念與感激，彷彿她的愛隨著戒指時刻陪伴著我。這件作品不僅是珠寶，更是象徵著愛、勇氣與創意的結合。每當我出席各種場合，這枚戒指總是吸引眾人的目光，朋友們對它讚不絕口，紛紛詢問它的設計發想的設計故事。我開始意識到，每一件珠寶都有屬於它們的自己的故事，我的珠寶小天地就這麼開始。

　　有一次，在外籍好友Philip W. Eisenbeiss的生日派對上，我認識了香港Christian Dior的資深公關經理Peter Cheung。我們聊到我的尾戒，我將它拿下來讓他近距離欣賞。他驚呼：「It's stunning!」並問我為何要將鑽石鑲滿360度。我回答道，這樣不論我在撩頭髮或討論事情，朋友們都能欣賞到戒指的閃耀。Peter笑著說：「You got the point!」接著，他問我是否給這枚戒指取了名字。我想起媽媽的耳環故事，於是告訴他。Peter驚呼：「Wow! Mom's love.」我們隨即討論出「永恆的愛」這個名字，並同時說出：「ETERNITY by Mom.」在場的時尚朋友們一致讚同：「What a perfect name! Go for it, Linda!」這一刻，我感受到媽

媽的愛與支持，這枚戒指不僅是珠寶，更是情感的象徵。

　　這枚「ETERNITY by Mom」戒指是我高級訂製珠寶的起源，承載著無數的回憶與情感。它不僅是我創業旅程的起點，更是我對母親深厚感情的象徵。每當我看著這枚戒指，心中便湧起對母親的感激，因為她的支持與鼓勵，讓我有勇氣追尋自己的夢想。之後我在中環德成大樓成立了一間高級訂製珠寶的Showroom，這是我從紐約搬到香港後的心血結晶。這個小天地成為了我與外界聯繫的窗口，讓我能夠與朋友們分享我的創作與靈感。珠寶的每一個細節，都承載著我對生活的熱愛與對美的追求。隨著時間的推移，我的設計作品逐漸增多，從最初的簡約風格到後來的華麗多樣，每一件作品都融入了我對美的理解和對生活的熱愛。之後我曾在台灣、香港、大陸和美國的快閃Pop-Up展中為客戶量身訂製，這些經歷讓我更深入地了解不同文化對珠寶的需求與喜好。每一位客戶的故事都成為我設計的靈感，讓我在創作中不斷探索與突破。彩色寶石、紅寶、藍寶、祖母綠和鑽石的結合，讓我的作品充滿了生命的色彩與情感的深度。

　　在香港這個珠寶品牌林立的城市，如何讓自己的設計脫穎而出，對我來說是一個不小的挑戰。香港競爭激烈，每一件珠寶都在尋求獨特的故事和情感連結。幸運的是，我的好友們在各種正式場合中佩戴我設計的珠寶，為我帶來了不少讚美與關注。她們的支持不僅是對我創作的認可，更是我不斷追求卓越的動力。作

為女性，我深知一件珠寶如何能夠完美地襯托出優雅的身姿。每當我設計一件作品時，我總是想像它在某個特殊場合中的樣子。香港的活動派對頻繁，各式慶祝活動如生日、慈善晚會、長春藤晚宴、中秋節等，無不讓人期待。這些場合不僅是社交的舞台，更是展現個人風格的最佳時機。每次活動，除了精緻的服裝，珠寶飾品更是不可或缺的點睛之筆。

我希望我的設計能夠讓每位客戶朋友在這些場合中，展現出最優雅的氣質和女性魅力。為了實現這個目標，我不斷探索不同的材質和工藝，融合傳統與現代的元素，創造出獨特而富有故事性的珠寶作品。每一件珠寶都承載著情感，無論是愛、友誼還是祝福，這些情感讓珠寶不僅僅是裝飾，更是生活中的一部分。

在時尚圈，撞衫的情況屢見不鮮，但「撞珠寶」的經驗卻讓我感到特別的驚喜。記得有一年在長春藤晚宴上，我的好友Caroline和Yolanda同時佩戴了我設計的耳環和戒指。那一刻，兩位風格迥異的女性卻因珠寶的共同點而相聚，讓整個晚會都散發出一種獨特的魅力。Caroline的搭配偏向於優雅的古典風，而Yolanda則展現出現代的時尚感，兩者在同一空間中碰撞出絢麗的火花，讓人不禁讚嘆。此外，在我兒子的雙滿月慶祝中，Carita、Eliza和June、Pat也選擇了佩戴我設計的鑽石手環。那一刻，我看著她們在不同的場合中閃耀著，心中充滿了自豪。每一位女性都用自己的風格詮釋了我的設計，讓我感受到珠寶不僅僅

是裝飾品，更是每個人獨特個性的延伸。

　　在香港的日子裡，看到不同的人佩戴我的珠寶，出席各種場合，讓我感受到一種無形的緣分聯結。每一件珠寶背後都有故事，每一次的「撞珠寶」都是一次美麗的相遇，讓我更加珍惜這份創作的旅程。這些回憶如同璀璨的星光，點亮了我的生活，也讓我對未來的設計充滿期待。珠寶的魅力在於它能夠跨越時間與空間，將不同的故事串聯在一起，這正是我創作的初衷。感謝我的媽媽，讓我有了這樣的起點，讓我在珠寶的世界中，找到屬於自己的光芒。

雲藹園「苓泉湧雅」系列　彩色藍寶石、玫瑰切工鑽石、鑽石 手鍊／戒指／耳環
Cloud Mansion "Lingquan Spring Up Elegance"
Fancy Sapphire, Rose cut Diamond, Diamond Bracelet, Ring, Earrings

雲蓊園「苓泉湧雅」系列　粉紅色藍寶石、藍寶石、
橄欖石、綠柱石、玫瑰切工鑽石、鑽戒
Cloud Mansion "Lingquan Spring Up Elegance"
Pink Sapphire, Blue Sapphire, Peridot, Green Beryl, Rose cut
Diamond, Diamond Ring

「一切，都是從光輝燦爛的母愛開始，這份愛如同一種永恆的力量，給我無限的支持。」

GLY
第 9 道光芒

「行善做好事是人生中最珍貴的『珠寶』，
可以讓你的心靈發出光芒。」

在90年代，周潤發是無數人的偶像，尤其是《英雄本色》在全港及華人圈的風靡，讓他成為了許多人的心中英雄。雖然我常在中環遇到明星，但心中唯一的偶像就是他。有一次，我參加了在北京和無錫舉辦的榮家楊家大團圓，這次聚會吸引了來自世界各地約250位親戚，慶祝四舅公榮毅仁的70歲生日和金婚紀念。每天的行程安排得滿滿當當，爺爺奶奶輩的座黑車約有15台，晚輩的小巴則有25台，浩浩蕩蕩的車隊如同王府出行般壯觀。在這樣的聚會中，能夠見到如此多的親戚，實屬不易。鄧小平與家族拍完全體大合照後，我走向父親，他正忙著介紹他的表兄。

我驚訝地發現，這位表兄竟然像極了周潤發！我羞澀地請父親轉告他，心中不禁期待他的反應。父親毫不猶豫地說：「我女兒Linda說你長得像周潤發！」那位表兄笑著回應：「真的嗎？周潤發比較帥吧！」他的幽默讓我忍不住笑了出來。在那一刻，我不再顧及淑女的矜持，迫不及待地請求與他合照，瞬間變成小粉絲，惹得現場一陣笑聲。這次難忘的經歷，讓我感受到家族的溫暖，也讓我對偶像的崇拜更加深厚。隨後，我得知這位父親的堂弟，原來是當時香港的首富榮智健，讓我更加驚喜。這樣的巧合讓我感到不可思議，仿佛命運在這次聚會中為我安排了一場特別的邂逅。能在這樣的場合中遇到一位與偶像相似的人，無疑成為了我心中難忘的回憶。

後來又一次巧遇，在洛杉磯機場的那一刻，我的心跳幾乎要跳出胸口。周潤發先生，這位我從小就崇拜的影壇巨星，竟然就在我面前！我正準備出境，他則在入境處等待接送。鼓起勇氣，我走上前，結結巴巴地問他是否是「周潤發」？他可愛地點了點頭，露出那標誌性的微笑，讓我瞬間感到無比興奮。我隨手拿出我唯一可以簽名的東西，竟然是我的護照，他微笑的簽下他的名字。這是我這輩子唯一像粉絲一樣的行為，至今回想起來仍然感到臉紅。那一刻，時間彷彿靜止，周圍的一切都變得模糊，只有他和我在我的腦海裏。

　　不久後，我又在朋友Venessa的婚禮上見到了周潤發。婚禮在香港半島酒店舉行，因為Venessa的父親是香港嘉禾電影公司的發行人，當天的賓客可謂星光熠熠。劉德華、郭富城、張曼玉等明星都到場祝賀，讓這場婚禮成為了一場小型的影展。

　　在婚禮的某個環節，我有幸與劉德華拍照。他非常客氣地讓我站在中間，微笑著對我說：「來，這樣比較好看！」那一瞬間，我感受到他身上散發出的親和力，彷彿他並不是高高在上的巨星，而是一位平易近人的朋友。這種真誠的態度讓我不禁感慨，這些在螢幕上閃耀的明星，私下裡也展現出難得的友善。這些回憶至今仍然讓我感到無比珍貴，彷彿那一刻的星光依然在心中閃爍，提醒著我在追尋夢想的路上，也要保持真誠與善良。這場婚禮不僅是朋友的慶祝，更是一場心靈的洗禮，讓我明白了何

謂真正的星光。

　　香港這個小島，雖然面積不大，但卻是繁華與喧鬧的代名詞。開車二十分鐘就能繞一圈，卻總能在不同的場合遇見名星，讓人感到驚喜。最近，我有幸在兩次不同的場合巧遇了周潤發，這讓我對他的印象更加深刻。

　　我們常常從新聞發現在香港的街頭，周潤發正在和朋友聚餐。雖然他身邊圍繞著不少粉絲，但他依然保持著低調，對每一位前來打招呼的人都熱情回應。那一刻，我看到了他作為一位公眾人物的責任感和對粉絲的尊重。他的平易近人和和藹可親，讓我敬佩不已。周潤發日常熱心公益的行為，還有對行善大力的支持，是大家對社會的關懷和對人尊重有更多學習的風範。他用自己的行動告訴我們，無論身處何種地位，善良和關懷都是最重要的。這讓我明白，人能因「善」而發光。周潤發的形象在我心中不再僅僅是一位影星，而是一位真正關心社會、關心他人的榜樣。

　　人因「善」而發光，這種內斂而優雅的特質，也是我設計珠寶的理念。我的珠寶設計融合了無錫老宅「雲蔚園」的精神，追求精緻典雅而不浮誇。每次看到「宅門見喜」珠寶系列，我都不禁想起兩位「周潤發」先生。這套高級訂製珠寶靈感源自江蘇無錫的「雲蔚園」老宅，特別適合在各種活動中佩戴。老宅的大門，兩扇古樸的大門映入眼簾，六角形的銅製門鈸邊緣雕刻著雲

形花邊，歷經風霜的門釘依然堅守崗位，四周的祥雲紋飄逸，寓意著家人平安喜樂，吉祥如意。這套珠寶的設計巧妙地採用了圓形單鑽包鑲，象徵著保護和平安的門板乳丁，並以細緻的線條勾勒出如祥雲般的柔美曲線，古韻中流露出現代的流線感。耳環、戒指和綴飾系列，無不代表著吉祥與福氣，彷彿在傳遞著滿溢的祝福。「宅門見喜」珠寶系列，無疑是高雅時尚的象徵，低調而不失沈穩，讓每一次的出席都成為眾人矚目的焦點。

　　我與兩個女兒提起，我這段年輕時追星的瘋狂故事，看著手裡的照片那份青春的熱情依然鮮明，兩個女兒圍著我，眼中閃爍著好奇的光芒。她們聽著我的故事，時而捧腹大笑，時而驚訝不已。她們對我年輕時的行為感到不可思議，卻又被那份純粹的熱情所感染。她們開玩笑地問我：「媽，既然妳和許多國際巨星關係那麼好，能不能也幫我們安排見面？」我忍不住笑了，心中卻泛起一陣暖意。那一刻，我感受到了一種跨越時代的連結。雖然時代不同，但對偶像的崇拜與熱愛卻是相通的。女兒們的眼中閃爍著對未知世界的憧憬，讓我想起了年輕時的自己。這份情感，像珠寶般璀璨，不僅在於它的外表，更在於它所承載的故事與情感。

雲薈園「宅門見喜」系列　鑽石耳環／Cloud Mansion
"Garden Gate Seeing Happiness" Diamond Earrings

雲薈園「宅門見喜」系列　鑽石、丹泉石手環／
Cloud Mansion "Garden Gate Seeing Happiness"
Diamond & Tanzanite Bracelet

GLY
第
10
道光芒

「在文明毀滅之後，是否還會有一絲真心的存在？」

在香港，廣東話是主要的溝通語言，幾乎每個人都能流利使用。然而，隨著外籍人士的增多，英文的使用頻率逐漸上升，尤其是在中環這樣的商業中心。記得有一次，我在中環的置地廣場逛LV，恰好遇見了梁朝偉和劉嘉玲，心中不禁感到興奮，兩位明星的出現讓這個平常的購物日變得特別。那天，店裡的氣氛熱鬧非凡，來自中國大陸的客人也不少。當一位女客人用普通話對著LV的銷售員說：「這個和這個包不要，其他全部包起來！」她的手指著牆上最新款的包包，語氣中帶著一絲果斷。銷售員一瞬間察覺到她的需求，立刻用普通話回應，展現出親切的服務態度。

這一幕讓我感到驚訝，因為在過去，香港的銷售人員對於中國客戶的態度往往是高高在上，通常會用廣東話或英文來應對。如今，隨著中國市場的崛起，香港的商業環境也隨之轉變，銷售人員開始主動學習普通話，以便更好地服務這些客戶。這種變化不僅反映了香港社會的功利主義，也讓我感受到了一種文化的融合。面對業績的壓力，商家們不得不調整策略，這讓我不禁莞爾一笑。果真是風水輪流轉，誰都料不到。香港，這個曾經以廣東話為主的城市，正悄然迎接著新的語言與文化挑戰。

剛來到香港的時候，我對於開車的習慣感到十分不適應。香港的駕駛座位在右側，開車時要習慣「在錯誤的一側」行駛，這對我來說是一個不小的挑戰。道路的右邊是「去」的方向，左邊

則是「來」，光是這些規則就讓我感到困惑，更別提熟悉香港複雜的路線了。這一切都需要時間去適應。在香港，公共交通非常便利，港鐵、巴士和的士都是常見的選擇。不過，香港的面積不大，開車遊覽成為了一種流行的活動。最常聽到的就是「遊車河」，繞著海岸線開車欣賞美景。雖然開車逛一圈已經不稀奇，但對我來說，能夠體驗到朋友們的豪華遊艇生活，才是真正的享受。

我常常受邀到好朋友Tommy和Gisele的私人遊艇上出海。每次出海，我們都會停在西貢，耐心地釣魚，這過程雖然漫長，但收穫時讓我們倍感期待。船上有四位船員專門服務我們，讓我們無需操心。除了釣魚，我們還會在船上住一晚，玩牌遊戲，談天說地，享受美麗的星空。第二天早上，我們在船上享用早餐，然後曬太陽、滑水，甚至在海裡游泳。這些活動成為了我朋友們的固定行程，每次都讓我感到無比快樂。回想起那些海上的日子，心中充滿了美好的回憶，這段經歷，讓我更加愛上了香港這個充滿活力的城市。

之後Hermès愛馬仕舉辦了一場令人期待的VVIP活動，在香港赤柱港灣的陽光下，豪華遊艇早已在海面上靜靜等待，隨著我們的登船，海風輕拂，心情愉悅。約半小時後，我們抵達了一個如夢似幻的島嶼，帥氣的男服務員熱情迎接，帶領我們走向細緻的白沙海灘。每位貴賓都獲得了一個特別的禮物袋，裡面裝滿了

各式各樣的貝殼，這些貝殼成為我們在島上的「貨幣」。回歸原始的生活，我們用這些美麗的貝殼來購買物品、參加遊戲，甚至享用美食。這些貝殼的形狀和色彩令人陶醉，我忍不住用三個小貝殼參加了一場遊戲，並用五個貝殼換得了一幅描繪Saint-Tropez的海岸水彩畫。

Saint-Tropez，這個南法的小鎮，以其迷人的港口和著名的餐廳「Sénéquier」而聞名，曾在《艾蜜莉在巴黎》中出現，讓人倍感親切。除了藝術品，我還用五個貝殼享受了一次手部保養，讓我感受到奢華的同時，也增添了不少趣味。活動的尾聲，Hermès為每位嘉賓贈送了一個中型竹編手籃，至今我仍在使用。這個籃子成為我日常生活的一部分，尤其是當我把「Peter」放進去時，牠那可愛的模樣總是讓我忍俊不禁。「Peter」是我女兒十歲生日的禮物，擁有白灰色的毛和一雙迷人的眼睛。

每當我遠遠眺望海面，淺水灣的海浪輕輕拍打著沙灘，夕陽的餘暉映照在金色的沙粒上，讓人不禁想起張愛玲的《傾城之戀》。白流蘇與范柳原的邂逅，似乎在這片寧靜的海岸上重現。柳原那句「在文明毀滅之後，是否還會有一絲真心的存在？」如同海浪中的低語，讓人思索著愛情的本質。在這片沙灘上，彷彿可以聽見他們的心聲，感受到那份深刻而又脆弱的情感。白流蘇的堅強與脆弱，正如淺水灣的海水，表面平靜，卻暗藏著深邃的情感漩渦。這份情境，讓我回想起老家「雲簹園」的夜晚，清幽

靜謐，華燈初上，彷彿時間靜止。那裡的夜空繁星點點，月光如水，讓人感受到一種久違的安寧。在那樣的環境中，心靈得以釋放，思緒隨著微風飄散。與淺水灣的浪潮相比，「雲蕭園」的靜謐更像是一種內心的平和，讓人能夠靜下心來，思考生命中的種種。

我的老家「雲蕭園」是歷經幾個世紀的古建築，見證了中國建築藝術的變遷。亭台樓閣之間的長廊，融合了西洋Art Deco的設計，展現出中西合璧的美感。這樣的靈感促使我創作了珠寶系列「庭廊迎洋」（Passageway to meet East and West）。我以吊燈裝飾為靈感，設計出垂墜式耳環，細節處運用水滴切割的小鑽，展現出光彩流動的感覺。在耳環的設計中，我融入了老宅內壁的雕花賀壽仙桃等元素，呼應中西合璧的時代意義。佩戴著這些耳環，隨著步伐搖曳生姿，彷彿能感受到那段時代的風華。這系列的設計，正如Gisele所擁有的中西合併的豐富學歷與獨特品味，展現出一種簡約而不失特色的風格，讓人不禁沉醉其中。

人類的歷史文明必須延續發展，我希望我的設計創作也能對人類文明的進展有所貢獻。文明再怎麼進化，也不能沒有人的真心存在，正如珠寶設計創作，如果設計師沒有真心真意和真誠，再美麗的寶飾也不會發出璀璨的光芒。我期待我用真心創作的所有作品，都能在佩戴人的身上，流露出真情的魅力。

雲蒔園「庭廊迎洋」系列綠柱石、鑽石戒指、耳環／
Cloud Mansion "Passageway to meet East and West" Beryl,
Diamond Ring & Earrings

GLY
第
11
道光芒

「你所付出的每一分努力，
終將以某種方式回到你身邊。」

最近劉德華榮獲「銀紫荊星章」，這不僅是對他在娛樂界成就的肯定，更是對他多年來熱心公益的嘉許。他一直支持殘疾人士的體育發展，並創立慈善基金以支援弱勢社群，為社會貢獻良多。香港的勳銜制度旨在表彰對社會發展有重大貢獻的人士，金紫荊星章專門頒發給那些在公共服務中表現卓越的人，這一制度標誌著香港歷史的新篇章。

成龍是香港明星中第一位榮獲「銀紫荊星章」的藝人，我記得那次頒獎典禮，因為我的叔婆，粵劇名伶「花旦王」，也榮獲「銅紫荊星章」，成龍當時是貴賓之一。我們見證了這難得的盛會，頒獎典禮結束後，我有幸與成龍聊了一會兒。他幽默謙虛，常帶著微笑，讓我感到非常親切。他身穿黑色正式外套、白色襯衫、灰色花紋領帶和黑色長褲，十分符合當天的活動氛圍。成龍先生曾說：「拍戲一分鐘，苦練十年功！」他聽到我的讚揚時，顯得非常高興，讓我感受到他的真誠與友善。這次的交流讓我更加敬佩這位不僅在影視界有卓越成就，還在公益事業上不遺餘力的藝人。劉德華和成龍的故事，無疑是香港文化的一部分，激勵著更多人投身於社會服務。

香港特區首長董建華先生曾親自頒發「銀紫荊星章」予芳艷芬女士，對她在粵劇及電影界的卓越貢獻表示祝賀。芳艷芬叔婆對此榮譽感到無比榮幸，並感恩於她的藝術旅程中所獲得的祝福與鼓勵。芳艷芬淑婆早年在演藝界風光無限，與紅線女一同加入

「勝壽年粵劇團」，憑藉《夜祭雷峰塔》中的「反線二簧慢板」一舉成名，並創立了獨具風格的「芳腔」。她成立了自己的戲班「新艷陽」，與任劍輝、新馬師曾等著名藝人合作，進一步提升了在粵劇界的地位。

除了在粵劇的成就，她也積極進軍電影界，創辦植利影業公司，將經典戲曲作品如《洛神》、《梁祝恨史》等搬上銀幕，取得了巨大的成功。她在職業生涯中主演超過150部電影，成為當時影響力極大的藝術家。1995年，她獲英國女皇授予大英帝國員佐勳章，進一步證明了她的藝術成就。芳艷芬叔婆不僅在藝術上有所建樹，還熱心公益，與香港西餅連鎖集團創辦人曾超群女士合作成立「群芳慈善基金會」及「群芳藝苑」，將藝術與公益結合，成為一位卓越的藝術家。她的故事不僅是對藝術的追求，更是對社會的貢獻，激勵著一代又一代的年輕人。

每年在香港的佳節，如感恩節、聖誕節和新年假期，我們總會受邀到叔公叔婆家，他們住在九龍的加多利山。這裡的別墅多由知名的Kadoorie家族所擁有，劉德華也住在附近，外觀是一扇咖啡色的大門，旁邊有鐵門作為停車入口，綠樹成蔭，庭院深深。

每次到叔公家做客，我們會在後花園中品酒、享用精緻的前菜，伴隨著鳥語花香及柔和的燈光，這是我們習慣的節奏。隨後便開始享用豐盛的美食。叔公總是以最親切的問候和美食款待我

們，他的上海無錫口音夾雜著英文，叔婆則以流利的廣東話回答，兩人之間的互動既可愛又有趣。每次入席，叔婆總是先為叔公夾菜，他們的親密互動讓我想起電影中的情景。他們家的中菜特別美味，廣東蒸魚、排翅、鮑魚和各種港式點心都讓人垂涎欲滴；西式餐點如Beef Wellington和意大利料理也同樣珍饈佳餚。

自從我們搬回台灣後，我每年過年都會與叔公叔婆通電話，祝福他們新年快樂、身體健康。十多年前，叔公過世，叔婆在九十歲後因失智，卻漸漸不認識我的聲音了。如今叔婆已九十八歲，祝福她平安健康！兩位長輩如此相敬如賓，用兩種方言溝通了65年。

從叔婆身上，我看到了「人生如戲，戲如人生」的寫照。她在生活中始終保持著溫柔婉約的作風，讓她的人生也如戲劇精彩，綻放出絢麗的色彩。看著我手中設計的珠寶「琴榭桂香」如同舞台名伶，燈光閃耀的過往，讓我不禁回想起無錫老家「雲薖園」的美好時光。那裡的夏日炎炎，秋風送爽，亭院水樹中，總能找到一處清涼之地，讓人憑欄賞園，心情舒暢。槐樹和桂花在陽光下生機勃勃，葉影婆娑，桂花的香氣彌漫在空氣中，讓人陶醉。我在盛夏時來到無錫的「雲薖園」，漫步於花間，見枝葉扶疏，花開搖曳；而在秋日的訪園中，更是被那桂花香深深吸引。驚喜之餘，我的靈感如泉湧，設計出一系列以花香為意境的珠寶，讚嘆大自然的曼妙。這些珠寶彷彿能夠捕捉到花兒的芬芳，

讓我想起「梁祝化蝶」的美麗畫面。

　　沉醉在這些回憶中，讓我想到了芳艷芬婆婆。她在演藝界的努力與成就，因而成為香港家喻戶曉的人物。她對慈善公益的投入，對家庭成員和工作人員的和藹可親，讓人倍感溫暖。曾有一年，叔公的第一任妻子的孩子們與他們的下一代回到香港，我親眼見證了她與叔婆之間的親密互動，讓我深感敬佩。芳艷芬婆婆曾說過：「若沒有付出，哪會有結果？」她的付出讓我們看到了豐碩的成果，正如這些珠寶，承載著花香的意境，期待每一位佩戴者都能在生活中收穫幸福與美好。

雲藹園「琴榭桂香」系列　海水藍寶、紅寶石、沙弗萊石、粉色藍寶石、黃色藍寶石、藍寶石、玫瑰切工鑽石、鑽石戒指、耳環／Cloud Mansion "Tingqin Pavilion with Gwai " Aquamarine, Ruby, Tsavorite, Pink Sapphire, Yellow Sapphire, Blue Sapphire, Rose Cut Diamond, Diamond Ring & Earrings

GLY

第
12
道光芒

「我一向認為風格比流行重要。留下風格者寥寥無幾，
製造流行者卻比比皆是。」聖羅蘭（Yves Saint Laurent）

每當我看到有關巴黎最新高訂服裝發表會或巴黎景點的介紹，心中總會湧起在巴黎求學時期的美好回憶。那段時光對我而言是難以忘懷的學習歷程。我曾就讀於巴黎服裝工會學院，這所位於Rue Saint-Roch的學校隸屬於法國高級時裝公會，培養了許多服裝設計大師，如伊夫·聖羅蘭（Yves Saint Laurent）、卡爾·拉格斐（Karl Lagerfeld）、瓦倫蒂諾·加拉瓦尼（Valentino Garavani）、安德烈·庫雷熱（André Courrèges）等。學校全以法文授課，這對我來說是一個挑戰。在美國讀高中時，我修習了三年的法文，但書本上的文法與實際生活中的用語有所不同。

為了適應，我提前一個月抵達巴黎，熟悉環境並多練習法文。與當地朋友的交流成為我最有效的學習方式。在購物時，我勇於表達，即使說錯了也能當場得到更正，這樣的實踐讓我逐漸掌握了口語。我抱著「厚臉皮」的心態，勇於嘗試，無論聽懂與否，總能表達我的需求。最重要的是，我能點餐、找到目的地、購買所需的物品，並理解老師的教學。在這裡，我遇到了一位名叫Madame M的俄羅斯老師，她的名字雖然很長，但總讓人印象深刻。

在法國的學習經歷不僅提升了我的設計技能，也讓我對文化有了更深的理解。每當我回想起那些日子，心中總是充滿感激，因為那段時光塑造了今天的我。巴黎，這座充滿藝術與創意的城市，將永遠在我心中佔有一席之地。Madame M是我立體高級服

裝打版的老師，她的教學風格如同她的外表，嚴肅而冷漠，卻又透著一絲傲氣。她的眼妝充滿氣場，說話時的眼神一閃而過，令人不敢忽視。年輕時的我對她感到敬畏，總覺得她難以接近。然而，隨著時間的推移，我對人情世故有了更深的理解，開始欣賞她的專業與才華。

在她的課堂上，Madame M一邊講解，一邊用手縫製胚布的直布紋，距離布邊約五公分，這是立體打版的開始。她靈巧的雙手教會我們如何將設計圖轉化為立體剪裁，這一過程需要在人體模型上進行，並用各種方式進行褶皺和勾勒。Draping技術則是將胚布直接掛在模型上，反覆調整，並用大頭針固定，這需要耐心和細心。

Madame M示範各種鬆緊和抓摺的打版方式，甚至會利用墊肩或墊臀部來修飾設計的對稱皺摺。斜布紋以45度對角線裁剪，具有良好的可塑性，適合製作圓裙和斜裙，讓下擺的波浪柔美而浪漫。許多知名品牌的設計都巧妙運用斜裁布技術，這讓我對服裝設計的理解更為深刻。她的法文講得比一般導師快，聲音細微，時而會突然提高音量，偶爾也會自言自語，畢竟她也承受著壓力。她臉上的表情常常顯得無所謂，似乎對周遭的一切都抱持著淡淡的漠然。每次上課，我都能感受到她的緊張與不安，彷彿她在與自己的情緒搏鬥。

記得有一次上課，我平常不太出聲，卻突然鼓起勇氣問了

「我一向認為風格比流行重要。留下風格者寥寥無幾，製造流行者卻比比皆是。」

一個問題。那天的課程進行得有些沉悶，我心中有些不安，但還是忍不住舉手。當我問道：「Madame M, quelle devrait être la prochaine étape dans la coupe de cette robe? Est-ce la bonne façon pour moi de placer le diorama?」（請問這件衣服的剪裁下個步驟應該怎麼進行？我這樣放在立體模型上是否正確？）Madame M的反應讓我驚訝，她驚呼道：「Ouah! Qu'est-il passé aujourd'hui? Linda, pourquoi as-tu posé une si bonne question!」（哇！今天發生了什麼事？Linda怎麼問了這麼好的一個問題！）她突然笑了，這笑容如同陽光穿透雲層，讓我感到一陣暖意。要讓她笑並且大聲說話可不容易，這或許與我的提問和她的心情有關。

自那以後，我在法國彷彿開竅般，我變得更勇於提問。每當我看到她的笑容，心中便充滿了勇氣，讓我明白，或許在這個充滿壓力的環境中，彼此的支持與理解是多麼重要。Madame M的笑容不僅是對我提問的肯定，更是對我勇氣的鼓勵。「我一向認為風格比流行重要。留下風格者寥寥無幾，製造流行者卻比比皆是。」聖羅蘭（Yves Saint Laurent）。風格的力量在於它的持久性，能夠穿越時間的考驗，成為經典。而流行則如同潮水，瞬息萬變，難以捉摸。這種對比讓我在學習服裝設計的過程中，深刻認識到勇於表達自我的重要性。Madame M的教學風格嚴謹而富有啟發性。每一堂課都像是一場思想的碰撞，讓我在時尚設計的世界中不斷探索與創新。她不僅教會我技術，更教會我如何將個

人情感融入設計中，讓每一件作品都能講述一個故事。這讓我對設計風格及品牌的要求，讓我明白了設計不僅僅是創造外在的美，更是表達內心的聲音，真正的設計師應該勇於突破界限，追求獨特的自我表達。

在巴黎的設計學院，我還有幸遇見了另一位Madame V，一位金髮碧眼的法國女性，她的課堂總是充滿輕鬆的氛圍。那一年，我們忙於畢業設計大秀，校長經常找我，帶我去看紀梵希（Givenchy）和蓮娜‧麗姿（Nina Ricci）的大秀，讓我感受到國際時尚品牌的魅力。

我服裝秀的設計主題是「自由發想：將代表的國家、景物，用哪種交通工具帶到世界的角落！」我選擇了法國，靈感來自巴黎的艾菲爾鐵塔。經過兩週的構思，我在街頭漫遊中畫出了無數設計圖。Madame V看到我的作品後，讚嘆道：「妳能做出這套衣服嗎？這真的很有創意！」我興奮地回答：「我想要做這套！」我們的設計主題還包括經典洋裝的多種穿搭方式和前衛內衣設計。學年的密集課程讓我們忙碌不已，我常在巴黎的小巷中尋寶，發現獨特的衣物，並窩在Tissus Market挑選布料，這些都激發了我的創意。

終於到了五月的大型服裝發表會，舞台上紅色走秀台和黃色星星的佈置，讓每套衣服都閃耀光芒。我的作品包括一套手工白色絲綢小禮服，展現了三種穿著方式，還有以克里斯多福‧哥倫

布為靈感的內衣設計，以及象徵「巴黎鐵塔搭火箭」的紫羅蘭色外套。在這個360度的「馬戲團」大舞臺上，氣氛如同盛大的慶典，觀眾席上座無虛席，聚集了時尚界的重量級人物。

　　我的作品在這裡一一展現，首套是全手工打造的無袖短白色絲綢小禮服，胸膛和裙擺上浮貼著典雅的白色蕾絲，並繡上白色珠子，散發出少女浪漫的情懷。這件作品的主題是「轉變」，搭配三層不同質感的柯根紗，模特兒在舞台上輕盈地解開外層裙子，展現出三種穿著方式，輕巧而優雅。接下來的「前衛『轉變』」引發現場尖叫，運用乳白乙烯基設計的拼組皮革拉鍊服裝，展現出黑白對比的時尚魅力。模特兒在舞台上走動時，內側的黑色緊身服透出前衛的創意，讓人目不轉睛。第三套作品靈感來自克里斯多福·哥倫布，設計以15世紀西班牙王室女王的內衣為藍本，紅黑緞帶不規則地裝飾，展現出內外藝術美學的互動，獲得獎狀表揚。

　　最後一套「巴黎鐵塔」以紫羅蘭色的大蓬袖短外套搭配金色鏤空設計，宛如鐵塔的四支巨大腳，搭配圓頂帽子，氣勢如虹，象徵著我的設計理念：「巴黎鐵塔搭火箭飛上外太空」。這一系列作品不僅是時尚的展現，更是對創意與藝術的深刻詮釋，讓每一位觀眾都感受到設計的力量。在這場巴黎大秀完畢後，巴黎最高公會理事長Jacques Mouclier與學校校長Madame Saurat特別與我表達讚揚，使我感到無比興奮！因這套「搭火箭帶巴黎鐵塔登

太空」於日本ODA設計比賽入選，巴黎高級公會學院於1992在日本東京姐妹校特別展出，創立45週年紀念時尚秀以「地球新感觸」為標題發表服裝大秀受到觀注。

巴黎的街頭常是我的靈感來源，Madame M教會我如何將這些靈感轉化為具體的設計。她帶領我們走訪各大博物館、時尚展覽，讓我們親身感受藝術的魅力。這些經歷不僅豐富了我的視野，也讓我對時尚有了更深刻的理解。回首在巴黎的學習時光，我感到無比慶幸。Madame M的教導讓我明白，嚴格的要求背後，是對學生無私的愛與期望。這段經歷不僅塑造了我的專業能力，更深深影響了我的人生觀。

雲蕅園「苓泉湧雅」系列　海水藍寶、摩根石、綠柱石、鑽石 戒指／Cloud Mansion "Lingquan Spring Up Elegance"
Aquamarine, Morgan, Green Beryl, Diamond Ring

雲蕅園「苓泉湧雅」系列　碧璽、海水藍寶、摩根石、鑽石 耳環／Cloud Mansion "Lingquan Spring Up Elegance"
Tourmaline, Aquamarine, Morgan, Diamond Earrings

GLY
第13道光芒

「靜心感受神祕的大愛，尋找自己的正能量，你會發現，你並不孤單。」

我曾經在世界各地生活過，雖然各地都有許多親朋好友，但有時候我還需要面對現實生活的挑戰，孤獨著，是的！有時人生裡總有那個時候，你必須獨自面對。你也有同樣的感受嗎？在Otis Parsons School of Design求學期間，我幾乎每個週末都會回家，父母見到我時總是充滿喜悅！當週末結束時，媽媽會為我準備下週的便當，讓我感到無比幸福！晚上駕車回到學校，心中卻充滿了對新一週的期待與憂慮！

我在思考，我需要一杯咖啡嗎？還是聽102.7電台？作業還沒有完成，各種雜事的煩惱圍繞著我，讓我忽然感到莫名的超大壓力！忽然在5號公路上，一輛名牌的黃色法拉利在我前方呼嘯而過，真是帥氣！它的車牌是IOU9999，而在10號公路上我又看到LA3333，真漂亮！當我下了高速公路等右轉時，一輛鑽藍的BMW又掠過我的眼前，車牌是CA1111。在短短40分鐘內，我看到了三組相同的數字，雖然我並不迷信，但在同一天看到這麼幸運的數字，這些數字讓我感覺，我並不是孤單一人！我有個好姐妹Vicky，每次和她一起開車時，她都會禱告，祈求我們能平安抵達目的地。與她同行，我也常常看到許多相同數字的車牌。她告訴我，每一組數字都各有其獨特的意義。

在現今這個快節奏的生活中，我們常常被繁忙的工作、家庭責任和社會期望所包圍，容易忽略內心的聲音。靜心是一種重要的修煉，它能幫助我們重拾平靜，感受自己內心的寧靜。當我們

靜下心來，關注當下的思想，正能量的力量便會自然而然地進入我們的生活。每一天，我們的思想如同潮水般湧現，有時候，這些思想會讓我們感到焦慮、不安。靜心的過程，就是讓我們學會去觀察這些思緒，而不被其所控制。當我們靜下心來，才能清晰地感受到自己的想法。在這樣的狀態下，正能量的大門便會向我們敞開。

當下的每一個思想都有可能轉變為現實，無論是正面還是負面。透過靜心沉澱思緒，我們能夠釋放內心的負面情緒，並將其轉化為正面的能量。這不僅僅是心理上的調整，更是靈性上的覺醒。當我們懷抱著正面的思想時，周圍的環境也會因此而改變。在靜心的過程中，我們必須時刻注意自己的思想。負面的念頭如果不加以控制，會在不知不覺中侵蝕到我們正面的情緒和行為。當你面對困難的挑戰時，保持正向的思考便顯得尤為重要。正能量不僅能幫助我們克服眼前的障礙，還能引導我們找到解決問題的辦法。在這個過程中，信心和希望是我們最好的夥伴。無論多大的困難，只要不放棄信心，積極行動，最終都能將想法變為現實。

生活中充滿了變化與不確定性，每一次的轉念都是一次新的機會。在這樣的轉變中，我們需要學會如何迎接變化。無論是職場上的升遷，家庭關係的調整，還是人生路途的抉擇，變化都是不可避免的。在面對這些變化時，持有開放的心態尤為重要。準

備好迎接變化的到來，並相信每一次的轉念都會帶來新的可能性。在日常生活中，我們的心念常常受到外界的影響，容易失去平衡。尤其是面對繁雜的社會環境，我們可能會過於追求世俗的成就，忘記了內心的需求。因此，靜心成為了必要的修煉。我們重新聚焦內心，尋找真正的重要性。無論是感恩、請求指引，還是釋放內心的煩惱，當我們在靜心傾聽自己中找到心靈的平靜時，內心的失衡便會逐漸得到修復。

回想去年的某一天早上，我正前往市政府附近的一個聚會。當時的我情緒低落，許多未確認的事情讓我感到困惑與焦慮。那天，心中充滿了各種念頭：哪件事情先處理？哪件事情可以晚一點再去做？在這些混亂中，我努力保持冷靜，試圖理性地面對每一個挑戰。我意外地看到了數字1111、2222和5555，這些數字如同天使般陪伴的提醒，讓我感到一陣驚喜與振奮。當我抵達聚會地點時，會議充滿了溫暖與鼓勵的氛圍。大家相互分享著最近的經歷，彼此給予支持，瞬間讓我心情高昂了起來。這種互映扶持的感覺，讓我感到我不孤單。

在前往士林區的途中，更有趣的事情發生了！我看到一輛Maserati車牌上的號碼是BBB9999，這讓我不禁想起了圓滿的意義。而隨後的反光鏡中，我又看到6666，這一連串的巧合讓我不由得感到興奮！當我快到家的三分鐘內，再次看到8888的車牌，這讓我忍不住驚呼出聲：三組8888在如此短的時間內出現，實在

是太不可思議了！這些數字的重現，讓我深刻地體會到了盼望的力量。在生活中，我們時常面臨著挑戰與困難，但只要心中存著對自己的信任，無論遇到什麼樣的逆境，我們都能再次找到那份平靜與力量。

通過靜心及信念的堅持，我們能夠將正能量轉化為實際的行動，並在生活中追尋到真正的幸福與圓滿。靜心感受神祕的大愛，正能量的旅程是一條需要用心經營的道路。在這條道路上，我們需要時刻注意自己的思想，保持信心與希望，迎接生活中的每一次變化。無論何時何地，那份無形的關愛都將伴隨著我們，讓我們在生命的洪流中，永遠擁有盼望的力量。

最近好友推薦我去拜訪一家店，這家店的產品未來可能對我的工作有所幫助。我在心裡想，找時間去看看。那天的天氣陰雲密布，氣象預報說會有降雨。出門前，我心裡想：如果今天下午我要去的地方是對的，請在路上給我一個Sign，即使看到一組四個數字就行！於是，我開著車，往約定的地點前往，但不久後就開始下雨，雨勢愈演愈烈，雷聲轟隆響起，讓我的情緒不知覺的惶恐起來！在快到目的地的時候，我的朋友打來電話，但我沒有接到，於是我回撥，卻仍然無法接通。我們來回撥打了幾通，他說剛好他的朋友要離開了，門口有個車位，可以讓給我停。

當我在磅礡的雷雨中，視線完全陰暗還難以辨識，心裡還在懷疑自己是否到了！這時前面旁邊停的車子正打著方向燈，慢慢

「靜心感受神祕的大愛，尋找自己的正能量，你會發現，你並不孤單。」　119

開走。我的天啊，我簡直不敢相信自己的眼睛！我看到的車牌號碼竟然是紅色的7777！我的幸運的7，讓我的心中明亮起來，果然後來事情變順利起來。看到這些數字車牌的巧合，以及這些數字所代表的意義，似乎讓你的心情和信念得到了很大的鼓舞。這些數字的意義和你所經歷的情況，確實讓人感受到一種神祕的連結和支持。

如1111、2222、3333等，無論是來自於靈性信仰還是心理暗示，都可以為我們提供一種不孤單的安慰和希望。在你低落的時候，看到這些數字，彷彿是一種鼓勵和提醒，告訴你要保持正面的心態，並且相信自己會走出困境。無論生活中多麼混亂和困難，始終有希望和光明存在。這種數字的感覺不僅是對你的鼓勵，也是對你信念的一種印證。這些小小的數字奇蹟，所帶來的啟發有著深刻的感悟，也更加堅定了信念和勇氣。不管生活中遇到什麼挑戰，保持信心和希望，是非常重要的。

LINDA YANG 高級訂製珠寶 High Jewelry
「彩蝶雙飛」鑽石耳環、項鍊、手環／"BYW Butterflies" Betty, Yang, Wang Diamond
Earrings, Bangle, Pendent

GLY
第
14
道光芒

「珍惜當下每一刻，一瞬間人人都可能化成
星星高掛，令人思念。」

在一個陽光明媚的午後，我和我的好同學Sergio約好在Otis Parsons的校園裡享用午餐。這所學校位於洛杉磯，以其創意和時尚設計著稱。當時的Cafeteria餐廳位於時裝設計大樓對面的校區，是我們這群熱愛時尚的學生們的聚集地。踏出教室，我的心情隨著陽光明媚的天氣而愉悅起來。我和我好友Sergio在過馬路的時候，突然聽到汽車一聲聲的喇叭聲，霹靂啪啦的響，向我們友好示意。那一刻，我不禁想，這是在回應我們的青春洋溢？還是對我們的時尚風格的肯定？和Sergio一起走在路上，總是會遇到一些有趣的事情，這讓我們的日常生活變得生動有趣。

Sergio是我在Otis Parsons時期最要好的同學。他來自墨西哥的貴族家庭，身高185公分，體重約77公斤，外型出眾，總是吸引著周圍人的目光。他那一頭微微自然捲的棕色短髮，梳理得整整齊齊，無論走到哪裡都顯得格外帥氣。今天，他身穿一件淺藍色的Georgio Armani襯衫，搭配著合身的深藍西裝褲，肩上披著一件米色藍條紋的Ralph Lauren開扣毛衣，加上一雙經典的Gucci Loafer，讓他看起來無比時尚。而我則穿著一套灰咖啡色的Romeo Gigli長裙，這件裙子是不對稱設計，左邊短右邊長，展現出我的獨特風格。搭配一副l.a.Eyeworks的半咖啡半透明橫條紋的太陽眼鏡，讓我在陽光下顯得格外醒目。我們兩個人高個子走在人群中，很容易是每個轉角的焦點，宛如Model走秀般，在校園許多地點，留下許多pose，帶起我們的時尚之路。

過了馬路，我們走進了另一個園區。園內的庭園裡展出了幾件Fine Art美術系學生的創意雕塑。這些雕塑造型纖細，引人注目，彷彿在訴說著某種深刻的故事。Sergio看著那些雕塑，轉過頭來問我：「How do you like these skinny sculptures figure?」他用優雅的英語詢問，神情中帶著一絲好奇。我微笑著回答：「這幾件作品的確有和阿爾伯托‧賈科梅蒂相似度。」提到爾伯托‧賈科梅蒂（Alberto Giacometti），我的心中不禁湧起一陣興奮。作為一名時尚設計學生，對藝術的熱愛是我們共同的語言。這些雕塑的纖細和抽象，讓我想到了賈科梅蒂那種對於人性的深刻理解與詮釋。彷彿將靈魂抽離出來，看著雕塑品的影子，與我們的影子交錯在一起，產生許多趣味，讓我們彼此用眼神交流，隨後忍不住哈哈大笑，笑著我們的共同興趣和對藝術的熱愛，這種思維的契合讓我們的友誼更加深厚。

　　接著，我們沿著園內的小徑，朝著我們最常去的Cafeteria走去。這家咖啡廳由一對可愛的猶太夫妻經營，大家都親切地稱他們為「The Murray's」。這對夫妻長得非常相似，總是戴著一模一樣的眼鏡，穿著一模一樣的T-shirt，讓人感覺到他們之間的默契和親密。他們的個子都不高，待人和藹可親，總是能讓我們感受到家的溫暖。我們邊享用美食，邊聊著學校的趣事和各自的未來計劃。Sergio對未來的設計方向充滿了熱情，談到他對時尚的獨特看法，以及他希望能夠創造出屬於自己的品牌。我則分享了

我對於藝術和時尚融合的思考，討論著如何在設計中加入更多的情感和故事。

當我和Sergio一起走進那家時尚的布店時，陽光透過窗戶灑下來，在色彩斑斕的布料上，讓每一條布料都顯得活靈活現。每當我們在商店裡挑選布料時，氣氛總是充滿創意和期待。這次我本來對一塊藍色的絨面布情有獨鍾，然而我的注意力卻被Sergio的輕聲細語打斷。他在指著一塊金色的布料，眼中閃爍著興奮的光芒，我立刻被她的熱情感染了。「這塊布真漂亮，應該可以給我的系列增添一絲奢華感。」我說道，心中有些猶豫，因為我原本的設計理念是簡約而不失優雅。就在我思考時，Sergio卻已經迫不及待地在展示他的選擇。他的熱情讓我也不由自主地開始想像，如果把這塊金色布料融入我的設計中，會帶來怎樣的效果。就在這時，我的目光不經意地飄到了店內的一隅，那裡有一位看起來格外帥氣的男士。

我忍不住輕聲問閨蜜：「你覺得那位男士怎麼樣？」Sergio不以為然地回了我一句「根本看不出來他在看我們。」我心裡想，或許他根本不關心我們的布料選擇，但隨即，我的注意力又回到了我手中的布料。正當我在思考時，我聽到Sergio的驚呼聲，「快看！他在朝我們這裡走來！」這一刻，我的心跳加速，緊張又期待。男士走到我們面前，微笑著說：「那塊藍色布料真的很適合你的設計，別忘了加入一些明亮的顏色。」他轉身對著

我說道，然後又朝金色布料的方向看了一眼，笑著補充：「但這塊布也有它的獨特魅力。」我的心裡暗自得意，這種被認可的感覺讓我充滿信心。不過，Sergio卻沒有因此而放鬆，他始終在那位男士的身後像隻小貓一樣靜靜觀察。就在我們正要繼續討論布料時，男士突然轉身，對閨蜜展開了一段熱情的對話。「我叫亞歷克斯，你們都是時裝設計學院的學生嗎？」他自信地問道。Sergio的雙眼瞬間發亮，開始與他交談。看著他的樣子，我心中有些微微的嫉妒，但同時也感到興趣盎然。這一刻，我似乎又回到了那個充滿夢想與可能性的青春時期。

　　不久後，我們一起離開了布店，閒逛在街頭。陽光仍然灑落在我們的臉上，微風輕拂，心情無比愉悅。亞歷克斯提出了一個主意：「我們去附近的咖啡廳坐坐吧，我們可以談談設計和時尚。」我和Sergio對這個提議一拍即合，於是我們三人便在陽光燦爛的下午，朝著那家時尚的咖啡廳走去。咖啡廳內的氛圍悠閒而愜意，裝潢時尚而別緻。我們找了個靠窗的位置坐下，點了各自喜愛的飲品。亞歷克斯開始分享他在時尚界的經歷，描述著他對不同設計風格的看法，以及他對未來的期待。聽著他的故事，我發現他不僅外表吸引人，還充滿了對時尚的熱愛和追求。就在此時，Sergio的聲音突然打斷了我們的討論。「你們兩個聊得真開心，我好像是多餘的人了。」他半開玩笑地說。聽到這句話，我們都笑了出來，亞歷克斯卻靈機一動：「不如這樣，我們來個

小挑戰，看看誰的設計能更吸引人，如何？」

　　我和閨蜜對這個提議充滿興趣，於是我們開始討論設計的主題和方向。這讓我們的交談更加熱烈，隨著話題的深入，我們彼此間的聯繫也越來越緊密。正當我們沉浸在設計的夢想中時，突然，咖啡廳的門口傳來一陣喧鬧聲。我轉過頭去，驚訝地看到一群攝影記者正忙著拍攝。片刻之後，瑪丹娜的身影出現在大家的視線中。她一身時尚的裝扮，散發著無法忽視的光芒。所有人的目光都被她吸引，甚至亞歷克斯也忍不住站起來，朝著她的方向望去。「Oh，這可真是意想不到的驚喜！」我驚呼著，心中對瑪丹娜的魅力無法抗拒。這時，我的目光和閨蜜的視線交匯，他的眼中充滿了驚訝與興奮。隨著瑪丹娜的出現，咖啡廳內的氣氛瞬間變得熱烈而緊張。人們開始竊竊私語，猜測著她為何會來到這裡。亞歷克斯說道：「這樣的時刻，讓我想起了我曾經的設計夢想。」

　　就在我們的交談被瑪丹娜的光環所影響時，一個意外的事情發生了。Sergio不小心將她的飲料打翻，飲料濺到了亞歷克斯的衣服上。這讓現場的氣氛瞬間變得緊張，他慌忙道歉，卻又因為驚荒而不知所措。「沒關係，這件事無關緊要。」亞歷克斯立刻以輕鬆的口吻安慰她，笑著說，「反正我喜歡這種隨性和自然的感覺。」他的幽默讓Sergio鬆了一口氣，但我心裡卻感到一絲不安，擔心這樣的小意外會影響他們之間的關係。隨著時間的推

移，我們的話題漸漸轉移回到設計上，熱烈的討論讓我們忘卻了剛才的尷尬。亞歷克斯分享了他對未來的計畫，表達了對於時尚界的期待，並鼓勵我們要勇於追尋自己的夢想。聽著他的話，我心中充滿了勇氣，決定不再懷疑自己。最終，我們結束了這個愉快的午後，離開了咖啡廳，走在陽光下的比佛利山大街。Sergio和亞歷克斯的互動逐漸熟絡，彼此之間的默契愈發明顯。回想起來，這一切都像是命運的安排，不只是我們的設計夢想交織在一起，還有難得的情感友誼。

在回家的路上，我望著星空，心中默默感謝這一天的奇妙經歷。未來仍然充滿著不確定性，但我知道，只要保持對設計的熱愛，勇敢追尋自己的夢想，就一定能在時尚的舞台上找到屬於自己的位置。這也是我和Sergio今後共同努力的方向。我的故事似乎還在延續，未來的路上，面對每一個挑戰，追逐每一個夢想，但我親愛的Sergio卻已化成一顆最亮的星。我和Sergio在Otis Parsons的校園的相處的這一時刻，彷彿永遠停留在我心中，好像昨日剛發生般，讓我常常懷念一起喝咖啡的好日子。

LINDA YANG 高級訂製珠寶 High Jewelry
「永恆」粉鑽、鑽石項鍊／"Eternity" Pink Diamond, Diamond
Pendant

GLY
第
15
道光芒

「光明與黑暗相互映襯，才讓你的人生，
變得立體且有深度。」

在我高中畢業後，心中充滿期待，準備進入Parsons學院的生活。開學前，我決定和堂姊楊傳芳一起去聖地牙哥探望表哥Gary。Gary當時在美國軍隊服役，對於我們這兩位女子來說，他無疑是最合適的導遊兼保鏢。一路上，我們聊著未來的計劃，笑聲不斷，卻也對Gary的神祕行程感到好奇。他只是微微一笑，眼中閃爍著一種不懷好意的光芒，讓我們忍不住想知道他究竟要帶我們去哪裡。隨著車子駛入一條蜿蜒的山路，周圍的景色愈發壯麗，陽光透過樹梢灑下斑駁的光影，讓人心情愉悅。

終於，我們來到了一個隱密的海灘，這裡是加州聖地牙哥社區拉霍亞的太平洋托利松懸崖下。海浪輕輕拍打著岸邊，發出低沉而和諧的聲音，海風拂面，帶來一絲清涼。這裡的景色如同畫卷般展開，懸崖上綠意盎然，海水在陽光下閃爍著迷人的藍色，彷彿是大自然的珍寶。我們下車後，繞著山崖，小心翼翼地攀爬，心裡不禁抱怨，表哥是不是想讓我們接受軍事特種任務的訓練？經歷了不少磨難，終於踏上了沙灘，卻驚訝地發現，眼前的景象讓我們目瞪口呆，整片沙灘上的人，都是「全裸」的。我和堂姊驚訝得張口結舌，簡直不敢相信自己的眼睛。原來這裡是赫赫有名但低調的裸體海灘（Blacks Beach）。

回頭一看，表哥卻像是開了我們的玩笑般，開心地大笑著。周圍的人們隨意地享受著陽光，似乎對這種「天然」的自由毫不在意。此時，我和表姐的心情卻有些複雜，既驚訝又害羞。就在

我們左右環視的時候，一位身材勻稱修長的美女向我走來，陽光灑在她的肌膚上，閃爍著迷人的光芒。「真美，原來人的身體可以這麼美麗。」我心裡暗想，卻不由自主地低下頭，臉頰微微發燒。這樣的場景實在是太少見了，讓我感到既新奇又不知所措。我和堂姐對視一眼，忍不住傻笑，心裡卻都在想，我們可不敢那麼奔放！這種自由的氛圍讓人感到一絲羨慕，但我們仍然保持著自己的矜持，畢竟這樣的經歷對我們來說，既是冒險，也是成長。

去過裸體海灘（Blacks Beach）後，我對人體藝術的理解有了全新的視角。這段經歷如同一場神祕的冒險，挑戰了我的身體與心理極限，也讓我更深刻地欣賞人類身體的自然之美，難怪西方歷史、雕塑、畫作許多作品都是以裸體來呈現。在即將開始的Parsons「人體素描」課程中，我帶著忐忑不安的心情，期待著這次的學習。課堂上，模特兒走上中心的檯子，燈光打亮，所有人屏息以待。感謝表哥的鼓勵，讓我在這一刻不再緊張。隨著炭筆在紙上舞動，我開始捕捉模特兒的頸部、胸膛至腰間的曲線。每一筆都在探索光影的變化，從粗到細，從淺到深，仿佛在與模特兒的身體對話。老師走過來，對我說：「畫的不錯！妳有捕捉到模特兒的姿勢，並且成功表達了『光』與『影』。」那一刻，我感受到前所未有的成就感與自信。這不僅是技術上的進步，更是對細節與美感敏銳度的提升。我明白裸體不再是禁忌，而是自然

「光明與黑暗相互映襯，才讓你的人生，變得立體且有深度。」　133

的表現，讓我在未來的藝術學習中，能夠更自由地探索與創作。

在Mr. Clover的插畫課上，我不僅學到了技巧上的深淺變化，更深入理解了光與影的相互作用。課程中，他以幽默而細膩的教學方式，讓我對不同鉛筆的使用有了全新的認識。特別是運用HB、2B、4B、6B鉛筆來畫出每支筆的10%到100%深淺度，這讓我意識到每種鉛筆的軟硬特性對上色的影響。起初，我對這堂課的目的感到困惑，但隨著時間的推移，我漸漸領悟到其深意。每一層10%的陰影，都是在前一層的基礎上加深，這樣的漸層效果讓我看到了光線的細膩折射。

當我在素描中體驗到光明面與黑暗面的相互襯托時，才真正明白了立體感的來源。黑暗中的微妙反光，讓物體的質感更加突出。這種從漸層中捕捉光線折射的技巧，不僅提升了我的藝術創作能力，也讓我對人生有了更深刻的思考。光明與黑暗的相互映襯，使生活變得立體且富有深度。在素描觀察陰暗面，讓我感覺黑暗也並非全然負面，它是明亮面的催化劑，在黑暗中尋找光明。只有在光明與黑暗的交錯中，我們才能真正體會到人生的深度與立體感。這堂課不僅是技術上的提升，更是對生活的哲學啟發，讓我學會了「正反面思考能力」。這種思考方式將成為我未來創作與生活的重要指引，讓我在面對挑戰時，能夠更全面地理解事物的本質。

在Parsons的設計課程中，Rosemary Brantley無疑是我們的

「Prada惡魔」。她的身材高挑，總是以黑色裝扮出現，俐落的小馬尾和銳利的眼神讓人不敢小覷。她的嚴肅形象與專業背景，使得每堂課都充滿緊張感。當高跟鞋的叩叩聲響起時，我們都會不自覺地豎起肩頸，準備迎接她的評價。Rosemary的教學風格直截了當，無論是對設計的評論還是對布料的選擇，她的每一句話都能影響我們的心情。當她讚美我們的作品時，彷彿整個世界都在為我們喝彩，心情瞬間飛揚。然而，當她提出批評時，那種尷尬和失落感也隨之而來。面對她的嚴格評價，我們常常感到挫折，但這也是成長的契機。

在這樣的環境中，我學會了如何面對挑戰。每一次的回饋，不論是讚揚還是批評，都是我進步的動力。我選擇相信自己，深呼吸，調整優先順序，將每次的評價視為提升自己的機會。透過Rosemary的指導，我不僅在設計上有所成長，也在面對困難時變得更加堅韌。在Parsons的學習中，Rosemary每一次的挑戰都在塑造我成為更好的設計師，讓我在未來的時尚界中，能夠自信地展翅高飛。

GLY白月光戒指／GLY White Moonlight Ring

GLY花漾十分珍珠項鍊／
GLY Blossom Pearl Necklace

GLY春風珍珠項鍊／
GLY Spring Breeze Pearl Necklace

GLY點睛之筆／GLY The Finishing Touch

GLY晨露之珠耳環／GLY Morning Dew Pearl Earrings

GLY晨露雙珠耳環／GLY Morning Dew Double Bead Earrings

GLY愛永恆／GLY Love is all

GLY
第16道光芒

「不退流行的Polka Dots，神祕魔力。」

我結婚後回到紐約，開始試應了曼哈頓城市的生活。認識了一些新朋友，在這段時間更多認識紐約曼哈頓。當時在美國要找合適的工作，必須先準備好自己的學業履歷，再將履歷寄至已有聯繫的公司，若公司有興趣約談，會主動聯絡你。我在寄出了約八、九封學業履歷，約有三、四家公司與我聯繫。我當然不會放過任何好的工作機會！我的LINDA YANG飾品設計，品項豐富包含：裝飾繡花的布料皮包、搭配時尚鞋款，繡花毛料、絲圍巾（Pashmina）2002春季曾經在美國Plaza Too多家商店販售。

Plaza Too在美國東岸有許多分店，他們的商品都是以東岸女仕「Classic」經典與「Elegant」優雅時尚品味為主軸。主要商品為鞋、包包、圍巾、飾品、帽子。「Plaza Too」這家店如何與我有工作上的聯結？當時在美國休假逛街，我所穿著的牛仔外套及牛仔褲，是自己所設計粉紅、粉藍、粉紫、粉綠Polka Dots「波爾卡點」以各色大小珠珠繡在牛仔外套領子、袋蓋、袖口邊、腰邊，褲腳。那時珠珠繡花正在開始流行。

我正在欣賞一頂帽子，黑白立體，左右兩邊不規則形狀，突然一位男仕過來，

自我介紹：妳好！我是這家店的總經理。我：你好！很高興認識你！他介紹了我正在試戴的帽子，接下來他直接誇獎我的整體穿搭特別吸引他。我興奮的回答這套是自己設計的波爾卡點！

繡在衣服上。接著這位經理說：好有創意！我們有興趣選購妳的設計，很有獨特性！這家店是在無意間的巧遇，開拓了LINDA YANG在美國的市場。

開拓市場首先要有信心，有信心又如何面對在不同國家製造在另一個國家銷售？市建商機無限大！回到香港、即刻展開商品的設計，並進行選擇採購選料、打版打樣、許多各別的事項。當時光是採料的Quota配額就有一本約8公分厚的書籍的資訊。非常複雜，也如同另一科系的知識。不是三、五週內可以完全理解的。我是學設計的，但是訪織品與配料，例如珠珠亮片與毛料的搭配，或是與絲綢的搭配，分配很細，工廠與我多次溝通如何選項採料，每個國家當時的規格，必須跟進仔細參考，才能順利銷入美國市場。

在紐約曼哈頓我其中的一份Freelane工作是在Christina Riley工作室，為設計師Jennifer George繪製Polka Dots波爾卡圓點。為春季準備採集。

我們分配兩種布，四層絲織布（Four ply silk）另外一種是雪紡紗（chiffon）。版片上已裁切好上百個圈圈，將長形版片製放在布上方，每個圈圈代表波爾卡圓點的框，每個波爾卡圓點必須要繪製在版形框的正中央，版圈邊的距離需要一致。這樣繪圖整體效果才會一致。一次約繪製15碼的布料，製作過程會將版片置放在布的上方，兩項一起夾緊，才能夠上、下在穩定不動的狀態

下順利進行繪圖作業。

每天繪畫幾百個波爾卡點，每個框版繪製顏色都有區別各不同，已標註在裁版圈旁，以便上色！我們每次將同色系的波爾卡點一次繪圖，再換另外一色，繪完成之後要等布乾後，才能取下。重複過程最後繪布成了當季最新的波爾卡圓點顏色大聯盟！製作出一系列的服飾，短背心，短袖短套群，這件洋裝價格那時就售價約$450美元，真的不便宜！

這系列的作品當季在紐約曼哈頓貴婦店Bergdorf Goodman及Saks Fifth Avenue銷售。我認為波爾卡點很時搭，並不易退流行。也分別在Bergdorf Goodman和Saks Fifth Avenue廚窗展示，並刊登在美國Vogue雜誌封面和Mirabella雜誌上。

至今回想那段畫波爾卡點的工作時光，感覺每畫一圓，自己眼睛也轉了一圈！可想而知每天要畫多少圈！晚上做夢都在畫著不同顏色的波爾卡點。

如何推廣將商品從設計理念、設計圖、樣品、修正、試樣、專業攝影，網路行銷、成品入倉庫、進入商店鏈？一個品牌從設計理念至最後上架至百貨專櫃，整過流程需要約六個月的時間。所以每一家公司生產流程要推回六個月製作，再加上兩至四個月的商品確認檢測時間。我們看到在百貨公司當季的商品，通常都是在八至十個月前開始準備製作過程。

每個公司在撰寫Logo設計理念時，通常都會先從設計的角度思索，設計的方向主要是在說明「為何要設計這個商標」？例如企業的品牌名稱、行業的類別說明、企業的經營理念、未來展望、客戶期望的呈現方式，以及設計者預計呈現的方式都可撰寫在Logo設計思維內。通常Logo的設計會與公司的名稱相符（在第一篇有分享GLY Logo的啟源）有了公司Logo要在當地註冊商標，以備未來冒仿的可能性！

　　品牌發表商品設計，每季商品以不同設計、款式、顏色、尺寸比例來創作。產品將會區別各市場預期需求。產品名稱在大品項中即有分更多商品。取品名相對重要，若名字取得與產品設計理念風格得宜，採購經理人（Buyer）第一印象深刻，會是在選擇採購數量的考量因素。最終目標是以每個城市預期的銷售增長（sales）為首選季度盈利成長帶動經濟效益評估。

　　不同商品品項在五大洲：美國、歐洲、大陸、東南亞、非洲各國所合適的市場需求各有特色。每個國家、城市各別有著對於知名大品牌珠寶、流行珠寶、飾品的所需之處。大品牌珠寶每年在廣告上及品牌代言人所推動的效應相對比例會是品牌的重要因素。當然商品在設計上也是買家考量的重點。

　　設計圖出來後，接著就是打樣版，每件商品都由第一件樣品開發來修正。若是珠寶首飾修改以使用的元素及高低大小比例為準。進行第一階段修改，修正後再度調整。調整後進入樣品確認

階段，確認所有樣品開發流程無誤，並精準算出商品製作價格。生產線上同款商品數量越多，工廠價格也能相對穩定降低。以此類推應。

樣品確認製作完畢，拍攝專業商品照。選擇攝影作品以正面、側面45角度為合適角度，鍊子、耳環、戒指、別針等，銷費者在網站上清析觀賞模特兒穿搭配戴，決對有加分！通常拍攝過程分為靜態和動態。靜態展示攝影為商品單獨意識照，而動態攝影將作品配搭在模特兒身上同時補捉模特兒擺動時的形象，可做為自媒體的分享，相信大家對網站應該不陌生吧！只要有主題，以部落客、站長、言論等方式，網站表達分享可透過寫文章與照片，列出關鍵字，有效提升網路搜尋。大家最熟悉的引擎就是Google，除了中國之外，大部分的國家都是使用Google，也因此如果是使用網站的話，可以更容易發展你的自媒體，主要的搜尋引擎也是利用Google的流量。現在自媒體有各種方式，年輕 一代的孩子都以Threads、Instagram分享，Facebook已成為老一輩的網友分享了！

GLY目前使用臉書粉絲專頁（Facebook Fanpage）、Shopline加上IG（Instagram）為主要分享方式來介紹傳遞新品設計與活動資訊。網紅Social Media Influencers，透過網紅配戴穿搭自拍照分享在他們的部落格上，有著適當的影響力。在新光三越快閃活動期間，邀請安排了多位資深珠寶飾品媒體，且邀請不少當季網紅

穿著配搭各式各樣的互動分享，它有著必然的力量與效果。許多朋友都在看到報章雜誌媒體刊登後來到新光三越，有一天，一位打扮時尚的女性朋友帶著當天的報紙，來到GLY新光三越A8，要來買「歡樂花園」的系列！她表示，這個名字取的太好了！隨時隨刻配戴享受猶如在花開並蒂中歡樂氣氛洋溢幸福的氣氛裡。

在buyer確認購買商品數量進行製作final production，在製作確認後，工廠會以每項商品的批發供應價格計算。雙方同意確認後，通常會分三階段款項收取。在訂金收到後，雙方同意合作進行模式開始製作。在製作過程中，若是品牌下單超過一百萬美元，這家公司會推派專業人員進駐進行商品檢驗Product Check。商品製作通常需要3～5個月的時間，以商品數量來確定。在這期間公司與百貨鏈合作將同步進行每件銷售商品的訂單資料。同時選出刊登廣告編輯文案等內容。繪波爾卡點的雪紡紗絲巾，我送給媽媽一條，做為那年的母親節禮物，媽媽總會有許多不同的方式配戴它，這麼多年後依舊很時尚！不退流行的Polka Dots！

LINDA YANG 高級訂製珠寶 High Jewelry
黃鑽、鑽石耳環及戒指／Fancy Yellow Diamond, Diamond Earrings and Ring

GLY
第
17
道
光
芒

「每一件珠寶都像是映照出愛的真諦，
那是一種無形的力量，讓人感受到被愛的幸福。」

我的堂姊Susan是一位時尚的代名詞，無論何時何地，她總能以獨特的風格吸引眾人的目光。每當她出席各種派對時，那副造型眼鏡更是她的標誌，讓人不禁想為她取個「Susan Gaga」這個封號。她的眼鏡不僅僅是配件，更像是一種藝術品，總是能完美地襯托出她的個性與品味。

從小到大，我和Susan的關係一直非常親密，雖然我們是堂姐妹，但我們的友誼卻更像是最好的姐妹淘。每當有派對時，我們總會不約而同地出現，彼此分享著對時尚的熱愛與追求。她的每一套服裝、每一個配件，甚至每一個妝容，都讓我感到驚艷。Susan總是能夠將流行元素與個人風格完美結合，讓我不禁總會在派對裏，多看她幾眼。

她的笑容、她的自信，甚至她的每一個動作，都散發著無法抵擋的魅力。人們總是圍著她，讚美她的穿搭，詢問她的時尚祕訣。她總是謙虛地微笑，分享她的靈感來源，卻從不吝嗇於展現自己的風格。每次與她一起逛街或參加派對，我都能感受到那份無形的時尚流行能量，不自覺的「strike a pose」。Susan不僅是我的堂姊，更是我心中的時尚女神。

那天我們聊起今年是兔年，而她正好是兔子年出生的。我提議為她設計一件獨特的珠寶，堂姊立刻笑著答應。當時她佩戴著一隻Chaumet的紅寶鑽錶，閃耀著迷人的光芒。她提議：「我們來設計一隻兔子戒指，來搭配這隻手錶吧！」我心中一陣興奮，

開始構思設計圖。我們討論了幾次設計方向，想要找到一個獨特的元素，讓這件兔子戒指不僅美觀，還富有故事和意義。於是，我想到了無錫的雲薖園老宅，這座有著3-400年歷史的古宅是我曾祖父楊味雲的故居。這裡的每一磚每一瓦都承載著家族的記憶，讓我感受到深厚的文化底蘊。

我多次閱讀五叔叔楊世緘先生所著的《雲薖園》，並親自參訪這座古宅。每次走進這片庭院，彷彿能聽見曾祖父、祖父和祖母的低語，感受到那份歷史的厚重。雲薖園的每一層樓、每一個角落都散發著獨特的韻味，讓我對設計有了新的靈感。我決定將兔子戒指的設計與雲薖園的元素結合，讓戒指的形狀彷彿是兔子在古宅中嬉戲的樣子，並在戒指上雕刻出古宅金枝玉葉葫蘆的花紋，象徵著家族的傳承與兔年的吉祥。這樣的設計不僅能與堂姊的手錶相得益彰，更能讓她佩戴時感受到家族的溫暖。

雲薖園作為古蹟，珍貴之處在於其保存下來的每一個細節。五叔秉持「修舊如舊」的原則，邀請專業古蹟修復人員修繕老宅。保滋堂的磚牆上，雕鑿精緻，飛罩上刻著曾祖父楊咪雲先生的〈秋草〉，而「安樂窩」牌匾懸於其上，兩側柱子上題有狀元劉春霖的詩句，與曾祖父的燕居之志相映成趣。在這古老的空間裡，玲瓏的隔扇落地罩，透過鏤空木格，風雅的氣息彌漫。雕花板上的「葫蘆金枝玉葉」激發了我的設計靈感。我將這份精緻與蓄勢待發的精神融入設計中，氣勢如虹，紅寶石鑲嵌其中，靜候

「每一件珠寶都像是映照出愛的真諦，那是一種無形的力量，讓人感受到被愛的幸福。」

佳音。黃鑽點綴在圓頭尾巴上，伺機而發，期待乘風破浪，邁向巔峰。

經過三、四個月的精心繪製與挑選寶石，打版、改版、試版，最終完成了這件作品。當堂姊看到這件「蓄勢待發」的設計，笑得格外開心，馬上戴上，這一刻是我最喜悅的時刻。她看到我的設計，開心的如同被戒子上的寶石，照亮了臉龐，讓我感到興奮，既是創作又傳承「雲薈園」的榮耀。「雲薈園」的每一個角落，都蘊藏著故事，而我希望透過珠寶設計作品，讓更多人感受到這份古典傳統與現代摩登交融的美好。

之後，堂姊開心的與我分享，她的兒子婚禮即將到來，並且提到伴郎們的服裝設計，這讓我靈光一閃，想到了幫伴郎設計婚禮袖釦的點子。袖釦不僅是服裝的一部分，更是一種個性化的表達。我告訴堂姊，這可以成為伴郎們的獨特標誌，讓他們在婚禮上更加引人注目。堂姊聽後，眼中閃爍著讚賞的光芒，笑著點頭表示認同。她說這樣的想法非常好，能讓婚禮更加難忘。我們開始討論可能的材料和製作方式，心中充滿了創作的熱情。這不僅是為了婚禮，更是為了在這個特別的時刻，為每位伴郎留下美好的回憶。

在設計袖釦的過程中，我的靈感來自於「action」板的形狀，袖釦的外觀呈現出一種動感的線條，彷彿在呼喚著生活中的每一次冒險。人生宛如電影，每當導演在拍攝現場說出

「action」時，便是新一幕的開始。這一聲令下，猶如婚禮上的誓言，象徵著一段嶄新的人生旅程。每個人都是自己生命中的主角，面對著不同的劇本，演繹著獨特的故事。這對袖釦不僅是一件配飾，更是一種生活態度的體現。它提醒著我們，無論生活多麼平凡，每一個瞬間都值得我們去珍惜與把握。就像每一部電影都在講述一個獨特的故事，我們的人生也在不斷上演著屬於自己的精彩篇章。

這些袖釦以25度的角度呈現，邊緣鍍上黑色金的斜線，象徵著黑白的對比，寓意著生活中的平衡。左上方鑲嵌的白鑽石，象徵著「幸福永恆」，每一顆都閃爍著祝福的光芒。包裝盒則選用木灰紋，盒蓋上刻著每位伴郎的名字，讓每個人都感受到這份獨特的心意。婚禮前夕，堂姊將這些精美的繡扣贈送給伴郎們。當他們打開那專屬的盒子時，驚喜的「WOW!」聲不斷響起，喜悅的表情流露無遺。看著他們的反應，我的心中充滿了無比的喜樂，感受到的幸福與感動，讓整個婚禮更加圓滿。

愛情的火花在每個人的心中閃耀，讓人們相信，真摯的情感能夠跨越時間與空間，永遠留存。這是屬於婚禮的最美好的時刻，也是每一位在場者心中最美好的回憶，讓我想起我當時在紐約盛大的婚禮，有著滿滿溫暖祝福的回憶。

一切彷彿宛如昨日，回想起我和Victor的婚禮是如此的盛大而美好，時間在那一刻凝固。來自世界各地的200多位親朋好

友，為了見證我們的愛情，特意飛到紐約，這份心意讓我感動不已。婚禮的準備過程漫長而繁瑣，整整一年多的時間，我們用心策劃每一個細節，從場地的選擇到花藝的搭配，無不傾注了我們的心血。

邀請函的設計更是我們特別重視的一環。每一封信封上的字，我們請專業人士特別寫的，字裡行間流露出對每位賓客的感激與期待。那一刻，我希望每位收到邀請的人，都能感受到我們對這場婚禮的重視與珍惜。每一個字母都像是我們對未來的承諾，無論是喜悅還是挑戰，我們都將攜手共度。

婚禮當天，陽光灑在我們的身上，彷彿上天也在祝福我們。走進那個布置得如夢似幻的會場，看到親友們的笑臉，我的心中充滿了幸福。誓言在耳邊迴響，彼此的眼神交會，所有的準備與期待在那一瞬間化為永恆。

我的爺爺楊通誼先生，86歲的高齡依然精神矍鑠，充滿活力。為了見證我的婚禮，他不顧年事已高，千里迢迢搭飛機從上海來到紐約。這份深厚的愛與支持，讓我深刻感受到家庭支持的力量。婚禮在Village Lutheran Church Bronxville紐約布隆克維的路德教會舉行，當爺爺牽著我走進教堂的那一刻，心中充滿了感激與期待，直到將我交給我的先生Victor。在牧師與眾親朋好友見證下，為我們的婚禮祝福。爺爺與五叔、大舅舅、媽媽、小舅舅坐在前排，臉上掛著慈祥的微笑，眼中閃爍著驕傲的光芒，他的

出席讓我倍感欣慰，我不僅收穫了愛情的祝福，更感受到家族溫暖的支持。

　　我以一件以白色珍珠繡製的婚紗現身，搭配白色緞絲綢與法國蕾絲，腰身服貼微露肩，蓬鬆的裙擺拖地約280公分，後面以山茶花群擺設計，讓整體造型既華麗又不失優雅。裙擺的群擺設計可以收回，形成微蓬的線條，讓我在每一個轉身間都散發著夢幻的氣息。我的髮型搭配珍珠和山茶花髮飾，而耳朵上佩戴的鑽石愛心南洋珠耳環，手上的圓鑽婚戒閃耀著幸福的光芒，還有那款1930年代的Art Deco鑽石手錶，則為整體造型增添了幾分奢華風格。我的捧花選擇了淺紫蕙蘭、山茶花和紫色玫瑰，這樣的組合讓我感受到交織的浪漫氛圍。四對伴娘則身穿淺紫露肩長禮服，伴郎的胸花設計，也精心搭配了會場的粉紅玫瑰和粉紅百合色系，現場如詩如畫般美麗。我婚紗造型受到了親朋好友的許多讚美，讓我倍感如童話中公主般幸福，宛如夢中。

　　教會婚禮儀式結束之後，大家浩浩盪盪的坐上Limonsine豪華長轎車，數十輛的車陣，來到Siwanoy Country Club。這場地有悠久的歷史，早在1916年便舉辦了第一屆PGA錦標賽，當時的冠軍是吉姆‧巴恩斯（Jim Barnes），為這俱樂部增添了不少光彩。據說，甘乃迪總統也曾是這裡的會員，這更讓這個地方充滿了名人的光環。婚禮的每一個細節都經過精心策劃，從花卉佈置到菜單設計，無不彰顯著俱樂部的高雅品味。賓客們在這片綠意

盎然的高爾夫球場上，享受著美食與美酒，分享著新人幸福的瞬間。

賓客們在俱樂部的大陽台上，享受著午後日落前的陽光，眼前是壯麗的高爾夫球場景觀，耳邊傳來現場Live Band的動人旋律，攝影師們忙碌地捕捉著每一個瞬間，宛如電影中的畫面。現場爺爺用中、英文的婚禮致詞，深情地表達著對我們的疼愛，讓賓客們感受到那份家庭溫暖。從小到大的好友胡表哥也為我們送上祝福，讓這個特別的日子更加圓滿。

隨著Frank Sinatra的「Fly Me to the Moon」的歌聲，五叔牽著我，帶我開場跳起了第一支舞。隨後，他將我的手交給了我的先生Victor，我們繼續在舞池中隨音樂旋轉舞動。我的父母都是「舞林高手」，媽媽常常笑著說，跳舞不需要邊跳邊數，應該隨著音樂的節奏自由舞動。但為了這場Ball Room Dance婚禮的開舞，我們特地去拜訪了紐約的名師，每次上課時，Victor都緊緊握著我的手，數著1、2、3、4的舞步。

但當我們站在舞池中央現場時，Victor卻完全忘記了已經學會的舞步，我微笑著告訴他，今天就跟著我吧，「Follow Me，隨著我一起跳吧！」果然，我媽的話還是最中肯有用。隨著音樂的節奏自由舞動，別數1、2、3、4拍子，讓自己更慌張。人生總有意外，隨心所欲的轉念開心，才是真的。隨著音樂的節拍，我們在舞池中翩翩起舞，仿佛世界只剩下我們兩人，幸福的笑容在

彼此的臉上綻放。後來表哥站在舞池中央，像是一位指揮家，帶領著大家進入了Conga Line的節奏。隨著音樂的節拍，大家手拉手，形成一條長長的舞隊，在旋律的起伏中，我們舞動著身體，全場彼此的笑容如星光般閃耀，照亮了這個難忘的夜晚。最後我們準備送給參加賓客，一份小禮物，那是一對碗，代表著「和氣平安」，上面刻著我們的名字，百年好合及結婚日期。

在婚禮過後，緊接著去義大利度蜜月之旅，Victor曾經在10歲時父母親帶他到阿馬爾菲海岸波西塔諾（Amalfi Coast, Positano），這個美到讓人感動的海岸渡假，他當時就告訴自己他一定要帶他的新娘到這裡度蜜月！我們住的旅館Le Sirenuse從房間打開窗，可以看到一望無際的大海，我望向遠方，張開雙臂，幸福喜悅的迎接我未來。

「每一件珠寶都像是映照出愛的真諦，那是一種無形的力量，讓人感受到被愛的幸福。」　155

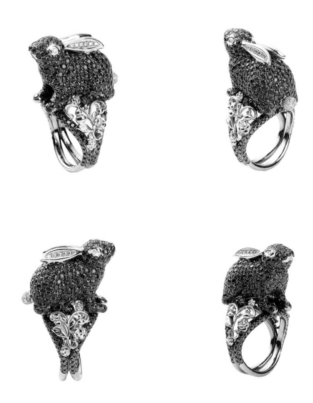

LINDA YANG 高級訂製珠寶 High Jewelry
「蓄勢待發」紅寶石、黃鑽、黑鑽、鑽石 戒指／"Ready to Act" Ruby, Yellow Diamond, Black Diamond, Diamond Ring

LINDA YANG 高級訂製珠寶 High Jewelry
袖釦／"Action" Diamond Cuff
為苗華川製片、阮鳳儀導演、新郎及伴郎設計的袖釦

「每一件珠寶都像是映照出愛的真諦，那是一種無形的力量，讓人感受到被愛的幸福。」 157

GLY
第
18
道光芒

「人生宛如巧克力，咬下的每一口，
無論是甜蜜還是苦澀，總讓未來充滿了驚喜與期待。」

在巴黎讀書的日子裡，每晚我的先生都從紐約打長途電話給我，成為我清晨的「morning call」。我們的對話總是充滿了生活的點滴，聊著他的工作和我的課業，直到我在床上睡著，他才安心地掛上電話。那時候沒有網路電話，我們每個月的通電是很驚人的花費。終於，我們在巴黎相見，擁抱的瞬間如蜜糖般甜美。他帶我去了已經預訂好的餐廳，位於蒙馬特高地在巴黎第18區的A. BEAUVILLIERS餐廳，我享受著美味的法式油封鴨腿，周圍環繞著浪漫的氛圍。這家小酒館距離聖心堂僅幾步之遙，傳統的法式裝潢讓人感到溫馨。

就在我沉浸在美食中時，他突然開始告訴我，他想和我一起走向未來的道路，接著他將椅子往後退，語氣中帶著緊張與期待，他竟然跪了下來，正式向我求婚！我驚訝得目瞪口呆，心中充滿了驚喜和感動。他告訴我，早已向我的家人爭取過同意，今晚特地飛到巴黎來實現這個計劃。我心中一陣激動，卻又不知所措，催促他快起來。

「我不會起來，直到妳答應我！」他堅定地說。經過十秒的沉默，我終於回答：「我答應你！」他打開戒盒，將那顆閃耀的求婚戒指戴在我的手上，戒圍剛好，讓我驚訝不已。原來他為了挑選婚戒，還特地去紐約的Tiffany學習鑽石的4C技術及知識。周圍的服務人員和其他客人都為我們祝賀，整個餐廳瞬間充滿了歡樂慶祝的氣氛。這一切都是他早有準備，特地來巴黎佈局給我

求婚的驚喜。這一刻，我感受到了一種無比的幸福，彷彿整個世界都在為我而綻放。

但天不從人願，我們的婚姻後來終究還是到了盡頭。這段宛如我人生的海嘯，給了我幸福，也給我更多的成長。回想起那段時光，心中充滿了複雜的情感，既有甜蜜的回憶，也有無法言喻的痛楚。每一個笑容背後，都是無數的掙扎與妥協。

隨著時間的推移，我漸漸學會了放下。這段過去讓我塵封已久，不忍回首，直到我開發GLY品牌，讓我有了更新的視野。創業的過程如同一場新的冒險，讓我重新認識自己，發現了內心深處的潛力與勇氣。每一次的挑戰都像是一道道浪潮，沖刷著我曾經的傷痛，讓我在不斷的努力中重生。

GLY品牌的誕生，不僅是我對生活的全新詮釋，更是我對未來的期許。透過這個平台，我希望能夠傳遞出自信與美好，讓每一位女性都能找到屬於自己的光芒。漸漸地，我的自信光彩又重回我的身上，讓我在珠寶設計的創作中，都能感受到生命的力量。站在這個新的起點上，我不再害怕過去的陰影。每一段經歷都是我成長的養分，讓我更加堅定地走向未來。婚姻的結束，並不是終點，而是我人生新的開始。我學會了珍惜自己，並期待著每一個明天的到來。

有一天鈞霈公關老闆Sophie打來電話，興奮地告訴我即將參

「人生宛如巧克力，咬下的每一口，無論是甜蜜還是苦澀，總讓未來充滿了驚喜與期待。」

加的COUTURiSSIMO大秀，這是首次在倫敦肯辛頓宮舉辦的盛事。品牌邀請了寬庭寢具的董事長陳靜寬女士和我作為特別嘉賓，當晚我們需要穿著COUTURiSSIMO的長晚禮服。想起那段旅程，我不禁期待起米蘭的Santoni和COCCINELLE精品活動，還有在英國和米蘭的精彩回憶。既然到了歐洲，我決定在活動結束後，安排一趟巴黎之旅，重溫我在那裡讀書時的美好時光，走過每一個公園，仰望巴黎鐵塔和凱旋門的壯麗。好友Lili也邀請我到德國杜塞道夫，還有荷蘭的恩荷芬，這座城市是歐洲的科技中心之一，讓我大開眼界，玩得不亦樂乎。

Sophie還提到11月份舉辦的國際皮草協會服裝秀活動，這次由亞洲首席執行官Kelly Xu女士主辦的「ASIA REMIX 2017」總決賽，特別將這個培育新秀的時尚盛事移師台北。此次活動還特邀我和台灣知名設計師陳科維進行邀請表演秀，並有13位即將進軍國際米蘭時裝周的新設計師選拔賽，將傳承天然永續材質與當代設計相結合，展現無國界的時尚趨勢。

為了這場大Show，我既興奮又期待！這是我首次以設計師特別來賓的身份參與，感到無比榮幸。由於IFF International Fur Federation國際皮草協會贊助提供皮草材料，我需要在短期內確認我的設計方向。如何將各種皮草與我的珠寶設計融合，成為我思考的重點。我開始思索：耀眼的珠寶和奪目的皮草，搭配的服裝該是什麼樣子？這個問題讓我心情低落了幾天，但最終我說

服了自己。「Linda，你在Otis Parsons School of Design主修服裝設計，四年的學習和在巴黎高等時裝學院的進修，難道還設計不出能與珠寶和皮草搭配的系列服裝嗎？」我在鏡子前反覆自問，告訴自己，祝福自己：「Yes！我可以的！Yes！我可以的！」

說服了自己後，我知道還是得去尋找合適的布料。我花了一個禮拜在台北挑選布料，前五天卻大失所望，每次都挑不到心儀的材料。但我始終保持耐心和信心，繼續尋找。終於，在跑了三、四家布店後，我找到了為ASIA REMIX設計的服裝所需的布料。大部分都是來自歐洲的高品質布料，這讓我感到無比振奮。這一切的努力和堅持，讓我更加期待這場大Show的到來。我相信，這將是一個充滿創意與美感的盛會，而我將在其中展現出我的設計理念與熱情。

服裝秀準時開演，在音樂的旋律中，燈光如星辰般閃耀，仿佛將我們帶入一個夢幻的世界，四個獨特的時尚系列在眼前展開，每一個系列都如同一幅精緻的畫作，散發著獨特的魅力與風格。我的第一套系列「Glow at Work」，在工作場合中優雅地綻放。想像一下，女性穿著法國白色鏤空刺繡蕾絲布V領蓬袖上衣，搭配深灰羊毛華達呢修長煙管褲，這樣的搭配不僅展現了知性，更流露出一種優雅的氣質。白貂皮球Triple Treasure金鍊及手環的閃爍，與白色水貂邊飾露趾高跟鞋相得益彰，為整體造型增添了一抹奢華，彷彿每一步都在散發著自信的光芒。第二套系列

「Glow at Teatime」，在午後茶的悠閒時光中悄然綻放。三層鏤空白皮革多組拉鍊上衣與黑色緊身衣的搭配，宛如一首優雅的旋律，散發出精緻的女性魅力。金銅開袖輥黑邊套裙，搭配灰白狐球Triple Treasure白金項鍊，為這段悠閒的午後增添了一絲奢華感，彷彿每一口茶都浸透了時尚的芬芳。第三套系列「Glow at Clubbing」，在夜晚的派對中如火如荼地展現活力。星空藍銀點蓬鬆袖娃娃上衣與黑色皮短褲的搭配，宛如夜空中閃爍的星星，流蘇珠白貂金鍊更是吸引眼球，讓人不禁想要靠近。無袖雙層米灰花呢裙，搭配三層瑪莉亞珠鍊，展現出女性的魅力與自信，彷彿每一個舞步都在訴說著青春的故事。第四套系列「Glow at Rouge a Cannes」，在坎城的星光紅毯上熠熠生輝。長灰色緞絲綢大擺長禮服，宛如流動的雲彩，搭配水鑽三層水滴鑽V形白灰貂皮鍊，無疑成為紅毯上的焦點。星空藍銀點V領長禮服，搭配GLY logo耳環，展現出無與倫比的優雅與風格，彷彿每一個瞬間都被永恆定格。

這四個系列，無論是在工作、下午茶、派對或紅毯上，都是女性展現獨特魅力與自信的最佳選擇。每一件服飾都是一段故事，等待著被每位女性所演繹。模特兒們與我一起步向舞台最前方的瞬間，彷彿時間靜止，四周的喧囂化為一片寧靜。隨著每一步的前進，媒體的閃光燈如星星般璀璨，照亮了我們的臉龐，映照出那份期待與緊張。每一個鼓掌聲，每一個尖叫聲，都如同音

樂般在空氣中迴盪，讓我感受到無比的振奮與力量。

秀終於結束了，燈光璀璨，映照出我們的身影，彷彿置身於夢幻的世界。最後模特兒們的步伐穩健而優雅，陸續展示今晚的作品，每一個轉身都充滿了自信與魅力。我能感受到她們的心跳，與我共鳴，這是一種無法言喻的連結。我深吸一口氣，感受著舞台的氛圍，心中暗自鼓勵自己。這不僅僅是一場秀，而是一場對自我的挑戰。每一個細節都經過精心打磨，從服裝的選擇到妝容的搭配，無不展現著設計師的心血與創意。當我走到舞台的最前方，面對著觀眾的目光，我知道這一刻將永遠銘刻在我的記憶中。

「Linda! Wow! Linda!」這些呼喊彷彿是對我努力的肯定，讓我在這一刻感受到無比的榮耀。回首過去，那些不簡單的時刻，無論是挑戰還是挫折，都是我成長的養分。我感謝當天蒞臨的嘉賓，為我這個特別的時刻見證，增添了無限光彩。感謝楊世緘、王華靜、苗豐聯、苗楊傳芳、錢胡家琪、蘇茹璐、張大業、Norma Hu、Susanna Lou Yung、吳玲玲、彭亭璟、邱文慧、Mark、趙天于、錢裕恩、包益民、趙欣然、張翰、Michelle Kuo、Robert Chang、Amber Chang、Eddie Jeng、李晶晶、夏心怡、康子寧、尹從然、周珊青、俞欣喬、俞媽媽、Lala Lin、Chloe Lin、Amanda Huang、Winnie Chang、Yilisa Chien、高垂棕、鄒美玲、Chin Chin Lin、Melody Liao、Pricillia Cheung、關俐

麗、Madeline Shih、Christina Kao、Carol Chen、Winnie Chang、Juliana Chan、Connie Liu、Catie Liu、Winnie Tseng、Chloe Wen、黃珏萍、Johnson、邱思樺、Emmie Huang、Rebekah Su、黃麟雅、陳秀桂、Lucy Ou、Sisi Lu、Tina Sung、Ruby Liu、汪柏成、朱瑪姬、Judy Chu、盧蒨萍、Eddie Jeng、Katherine Kuo、Claire Huang、Joyce Hung、Simon Hsieh、Steven Chen、Annie Chen、Sara Lee、彭鈺聖、Abula Yu、Johnny Chien、Chloe Chia、Sandra Li、Steven Chu、Wendy Chen、Cathy Wu、Priscilla Huang、Sherry Lu、Barbie Chu、Allison Chou、郭芃伶、洪翊倫、胡婷婷、Vivian Lin、Frank Lok等親朋好的友到來，讓這個夜晚更加熠熠生輝。

　　我手牽著模特兒為最後ENDING出場，我一邊不停地飛吻，心中充滿感動，媒體的閃光燈如繁星般閃爍，把我的眼睛照到幾乎無法張開。張大業牧師，您一直是我心靈的指導，您的智慧與鼓勵讓我在困難中找到方向。我的女兒Lauren，妳是我最大的驕傲，妳的笑容是我前行的動力。還有錢裕恩，妳在我身邊的支持讓我倍感溫暖。妳們獻花致意的那一刻，妳們眼神中流露出的祝福，讓我感受到無比的力量。這一切的支持與鼓勵，無法用言語來形容。每一位在我生命中出現的貴人，都在這條路上留下了深刻的印記。今天服裝珠寶秀的成功，不僅屬於我，更屬於每一位曾經陪伴我、相信我的人。未來的路依然漫長，但我相信，有你們在身邊，我將無所畏懼，勇敢追尋夢想！

此時有位極為特別的來賓，我安排他坐在第一排最好的位子，他正是我的前夫。剛好那個週末正安排和我的小女兒一起度過。我在舞台後偷瞄著這場戲中戲，我發現我邀的貴賓，直到秀開場燈亮，才錯愕的發現我的前夫坐在前面看秀。我發現每個人很專注的看珠寶服裝秀，可是看著模特兒走動到有他的視野時，又盯住他不放，他就像誤入鴻門宴般，雖然是場最精彩的服裝珠寶秀，但萬萬沒想到他卻搶盡了秀的風采，現場彷彿有個投射燈故意打向他，讓他無所躲藏，現原形本色在所有人的眼光中。

　　雖然心中為他感到有點不好意思，當燈亮我踏上舞台，過往的一幕幕，心酸苦辣，一掃而過，我成熟的迎接我全新的未來，接受大家為我的喝采及獻花。燈亮燈滅，一眨眼我的前夫已悄然的離去，人生的一瞬間何嘗不是如此，看似漫長卻又短暫。這場只有我和熟悉我的朋友才看得懂的一場好戲，至今讓我永難忘懷，想到都不禁莞爾一笑。

　　回想起小時候的夢想，總是那麼純真而美好。我記得我特別喜歡蜻蜓，牠們展翅飛向藍天，輕盈而自由。那時的我是一個很有闖勁的孩子，心中充滿了對未來的憧憬，總是相信只要努力，就能實現所有的願望。每當我看到蜻蜓在陽光下翩翩起舞，心中就會暗自發誓，總有一天我也能像牠們一樣，自由自在地追逐夢想。

「I made it! I made it!」我已經做到了！不僅是實現了夢想，更是學會了如何在追尋中成長，如何在挫折中堅持。每一次的飛翔，都是對自己勇氣的肯定。未來的路還很長，我會繼續像那隻蜻蜓一樣，勇敢地展翅高飛，追逐更大的夢想。

Asia Remix 2017

GLY永恆 手環／"Eternity"

GLY星群 耳環／"Constella"

GLY超級星 耳環／"Supernova"

GLY項鍊／"Love Key"

GLY永恆 戒指／"Eternity"

「人生宛如巧克力，咬下的每一口，無論是甜蜜還是苦澀，總讓未來充滿了驚喜與期待。」

GLY永恆 耳環／"Eternity"

GLY
第
19
道
光
芒

「我生命旅程中的天使，就是你手裡希望的翅膀。」

七、八年前的春天，我參加了台北美國學校的「Spring Fair」春季遊園會。這是一個每年三月舉辦的盛會，吸引了來自不同國籍的家長和孩子們參加。當天的校園裡熱鬧非凡，PTA（Parent Teacher Association）精心安排了各國的美食、遊戲和活動，讓人目不暇接。我記得那天我協助台灣美食攤位，忙著撈米粉，將熱騰騰的米粉放入碗中，售賣給前來品嚐的家長和孩子們。幾個小時的忙碌下來，我的手臂已經感到無法再抬起來，但看到大家滿足的笑容，心裡的疲憊也隨之消散。除了美食，遊園會還有許多有趣的活動。孩子們可以騎馬、騎驢，甚至抓魚和抓蝦。那時候我還協助在孩子們的臉上繪圖，畫上他們喜愛的圖案。看著小朋友們的笑臉，心中充滿了快樂和成就感。每當我完成一幅作品，孩子們都會開心地跳起來，這讓我感受到無比的幸福。

「嗨！Linda，嗨！Casey，歡迎來看這些捐贈品項！」「這個包賣$3,000元，這件小禮服$2,000，不貴耶！好不好看？」Casey問我。今年大家捐了許多美麗的服裝和皮包！我轉眼看著她，剛好戴著GLY的Love Key鍊子，真是好看又漂亮！就在這時，旁邊一位媽媽走過，跟Casey聊了起來。我注意到她也戴著GLY的兩邊不對稱耳環，真有意思！我心裡暗想，這樣的巧合真是讓人驚喜。我走出了教室，來到cafeteria餐飲區，想買個飲料解渴。排隊結帳時，突然發現前面的一位外籍媽媽也戴著GLY的

手鐐，那件銷售得很好的Logo手鐐。這也太巧了吧！心裡不禁感到開心，因為我不認識她！

我好友Eva那天在後台幫孩子們準備舞蹈表演，我走過去跟她打招呼，怎麼這麼好玩？今天大家都戴GLY？她也戴著一對GLY的耳環，還特意給我看！我指著她的耳環，竊笑著說：「美啦！」我繞回學校中庭，看到Felicia正在賣一些健康食品，問我要不要買一點？我邊聽邊挑選，心裡卻一直在想，今天的巧合真是太有趣了！另外一位不認識的媽媽也剛巧戴著我的品牌的設計，讓我忍不住想要跟她分享這份喜悅。這一天，似乎每個人都在用自己的方式支持著GLY，讓我感受到一種特別的連結與驕傲。

後來一位家長朋友告訴我，我的設計在台北美國學校引發了一股熱潮，這讓我感到既驚喜又好奇。她提到，學校裡的家長和導師們都紛紛佩戴著GLY，並不互相認識對方。有趣的是，當他們互相認出對方所佩戴的GLY飾品時，常常會開口問：「You know Linda? GLY?」這句話不僅是對品牌的認同，更是對彼此的友好邀請。這種互動讓原本可能陌生的家長和導師之間，瞬間拉近了距離，形成了一種特別的情感連結。

在一次盛大的服裝發表會上，我意外遇見了美國學校的校長Dr. Hennessy。那時，她正準備退休，回到美國生活。我們一起拍照留念，她輕聲對我說：「我想找妳！」我驚訝地問：「我？

有什麼事呢？」她微笑著說：「妳要答應我，不能送我！因為我非常喜歡GLY的設計，許多家長都送了我GLY的作品。我想挑選一些商品，作為禮品送給我在美國的牧師母親和朋友們！」聽到這番話，我心中充滿了喜悅。這不僅是對我設計的肯定，更是對GLY品牌的支持。隨後，她的祕書與我聯繫，Dr. Hennessy大力支持，選購了許多我們的商品，準備送給她的親朋好友。這一切讓我感到無比驚喜和感動。在台北美國學校能夠得到前校長的讚美與支持，讓我深刻體會到品牌影響力的廣泛。這不僅是我個人的成就，更是許多好友們支持的結果。看到這麼多美好的景象，我心中充滿感激，感謝大家一直以來的愛戴與鼓勵。

後來在台北美國學校年度晚宴上，我除了捐贈GLY外，還捐出了一對高級訂製珠寶，分別是橢圓形紫色寶石鑽戒和紫水晶波蘿形切割皇冠鑽石戒指。這對珠寶以「雲蘰園」的設計理念為基礎，當晚由聶雲主持現場拍賣，氣氛熱烈，最終以$88,000得標，讓我感到無比欣慰。

在創業的旅程中，信心、衝勁和勇氣是不可或缺的動力。許多自創品牌的設計師，都是從車庫裡的第一件作品開始，踏實地經歷著創作過程中的「酸甜苦辣」。在我高訂珠寶的工作生涯中，經常聽到朋友和客戶提到，家中有許多媽媽、奶奶或婆婆傳承下來的珠寶，但由於年代久遠，這些珠寶似乎不再適合現代的佩戴。我常常告訴他們，房子需要裝潢更新，珠寶首飾同樣需要

換上新衣裳，這樣才能延續它們的生命。這樣的觀點往往能夠引起客戶的共鳴，因為它不僅保留了原有物件的主石和配石，還能讓客戶在溝通中明確了解自己已有的珠寶、常戴的首飾以及他們渴望擁有的設計。

這種轉變不僅是對長輩心意的紀念，更是將傳統與現代相結合的創新之舉。透過重新設計，這些珠寶不僅能夠重獲新生，還能成為獨特的時尚單品，讓佩戴者在日常生活中感受到傳承的力量與美好。在這個過程中，我們不僅是在創造珠寶，更是在延續故事，讓每一件作品都承載著情感與記憶。傳承與創新並行，讓珠寶不再只是物品，而是情感的載體，讓每位佩戴者都能感受到那份來自於過去的珍貴與獨特。

在疫情前，我曾與好友Kelly在香港相約，分享彼此的工作與生活。她提到收到外婆的首飾，希望我能為她重新設計。兩個月後，當她看到我為她設計的橢圓型藍色寶石戒指、兩塊玉石及一顆珍珠所製作的璀璨戒指與漂亮墜子時，興奮地拍照與我分享。她戴著這些珠寶，彷彿回到了與外婆共度的美好時光，滿滿的思念隨之而來。我深信，無論是傳承的珠寶還是自己收藏的珠寶，若能常常佩戴，便能在日常生活中找到樂趣。將這些珠寶放在保險櫃中，雖然安全，但卻失去了它們的光彩與意義。若能將傳承或收藏的珠寶重新設計，讓它們成為全新的藝術品，不僅能獲得他人的讚美，還能實現最佳的報酬率，這是一種美好的效應。

珠寶不僅是物質的象徵，更是情感的寄託。透過重新設計，我們能將過去的回憶與當下的美好結合，讓每一件珠寶都能講述屬於自己的故事。

　　最近，我完成了一件特別的作品，這是媽媽之前送我的禮物。這些珠寶我一直擱置，直到整理書稿時，無意中與媽媽聊天，她問我是否有佩戴過那些珠寶。這才讓我想起那幾顆閃耀的鑽石。我仔細欣賞著每一顆鑽石的光芒，圓形的、梯形的，心中突然閃過一個念頭：為何不將這些珠寶進行改造呢？我不僅僅是與朋友和客戶溝通，自己的收藏也可以變得獨特而有意義。於是，我開始思考如何將這兩顆圓形的大鑽石與82顆梯鑽和小圓鑽結合，創造出一個全新的作品。在三個選擇中，我最終決定將這84顆鑽石改造成「天使的翅膀（SOARING）」。這個主題讓我感到無比興奮，因為我想要展現出翅膀的層次感和生動的姿態。接下來的幾個星期，我不斷地排列組合，調整每一顆鑽石的位置，力求讓每一顆鑽石都能在整體中發揮最佳效果。

　　這個過程充滿了挑戰，我反覆地挪動、變動，直到每一顆鑽石都達到我心中理想的位置。最終，當我看到這件作品完美呈現出來時，心中充滿了成就感。這不僅是對媽媽禮物的重新詮釋，更是我對創作的熱愛與追求。每一顆鑽石都在翅膀中閃耀，彷彿在訴說著一個關於夢想與自由的故事。

　　GLY與LINDA YANG High Jewelry高級訂製珠寶之間的差

異，主要展現在材質和工法上的不同。GLY設計提供的是輕奢珠
寶，注重於日常佩戴的舒適性與時尚感，而LINDA YANG High
Jewelry則專注於高級訂製珠寶，運用更為珍貴的材料與精湛的工
藝，打造出獨一無二的藝術品。這兩者在價格上也有所區別，
反映出其設計理念的不同。儘管存在這些差異，無論是GLY還是
LINDA YANG High Jewelry，我對每一件作品的用心與熱情始終
如一。這份對設計藝術的執著，讓我在每一次創作中，都能注入
心血與靈魂。每一件珠寶不僅僅是飾品，更是承載著情感與故事
的藝術品。

在台北美國學校的分享會上，我收到了來自各界朋友的支
持與鼓勵，這些回饋讓我倍感振奮。特別是「羽毛」的象徵
意義，代表著翅膀，象徵著天使的存在。希望「天使的翅膀
（SOARING）」能夠祝福每一位佩戴者，讓他們在生活中充滿
勇氣，勇敢面對各種困難與挫折。這份力量，將隨時陪伴著我
們，推動我們不斷向前邁進。在這個充滿挑戰的時代，我希望透
過珠寶的藝術，傳遞出勇氣與希望的訊息，讓每一位愛好珠寶的
人，都能感受到那份來自心底的力量。

LINDA YANG 高級訂製珠寶 High Jewelry
「翱翔」鑽石 戒指／"Soaring" Diamond Ring

LINDA YANG 高級訂製珠寶 High Jewelry
「閃耀」鑽石 耳環／"Brilliant" Diamond Earrings

GLY
第
20
道光芒

「成功的關鍵在於不斷地説『yes』給機會，
並勇敢地去追求它。」

我的人生就像一場環球旅行，無數的足跡交織在一起，彷彿每一個地方都留下了我的傳奇。搭飛機成為我的日常，從地球的這圈繞向另一圈，從一個國家飛往另一個國家，探索不同的文化與風景。每一次的起飛與降落，都是一段新的故事開始。自從創立了我的品牌GLY，我的旅行不再只是尋找靈感，更是希望能將我的理念與設計帶給更多人。在每一個飛行途中，翻著機上一頁頁的雜誌，我總是懷著一種渴望：若有一天我的品牌能出現在這些雜誌上，那該是多麼美好的事情。

就在疫情前，我與中華航空展開了合作的對話，心中充滿期待。當時，我們正積極籌備，憧憬著未來的可能性。然而，2019年底疫情的爆發，猶如一場突如其來的風暴，將全世界的運行打亂，所有的計畫也隨之停擺。航班減少、旅行限制，這一切都讓我感到無比沮喪。儘管後來中華航空仍然向我發出邀約，但考量到疫情的嚴重性和航班的縮減，我不得不暫時擱置這個計畫。這段時間，我學會了耐心和堅持，明白了即使面對困難，也要保持對未來的希望。

在這段特殊的時期，我重新思考自己能做的事情。當大家都在尋找口罩時，我透過朋友的關係，捐贈了一批口罩給急需的單位。每天在工作室裡，我都在思考如何處理那些堆積如山的庫存。某天，我靈光一閃，想起外婆的老花眼鏡掛鏈，優雅的設計讓我想到了創新的可能。於是，我開始尋找材料，決定改造GLY

的項鍊。我選擇了Maria 42吋項鍊和大衛之星等品項，過程中驚訝地發現自己的手藝還不錯。

這些項鍊不僅可以當作口罩鍊，還能變成手鍊，甚至可以調整成Y字鍊。為什麼是Y字鍊？因為我相信「成功的關鍵在於不斷地說『yes』給機會，並勇敢追求它」，而且我認為Y字鍊更具時尚感。我搭配了幾套服裝，拍照並分享給網路上的朋友們。在這個人與人無法見面的時期，這成為我尋找樂趣的一種方式。意外的是，我的好姐妹鄒開蒂和俞晶一直以來的支持，幫我分享給其他姐妹們，隨之而來的是蜂擁而至的訂單。這讓我驚喜不已，原本只是一個突發奇想，卻意外地受到了廣泛的歡迎。

隨著2023年疫情逐漸消退，我與中華航空的合作計畫終於迎來了實現的契機。經過一年多的籌備，我們的專案在2024年9月正式在中華航空的eMall上架，並成功刊登於他們的雜誌上，這對我來說是一個重要的里程碑。在這個過程中，我特別想感謝我的靜心小學學弟王世方。他在9月初搭乘中華航空的航班前往雪梨，並在機上分享了他與雜誌的合拍照片。這一舉動不僅讓我感受到學弟的支持，也引起了靜心學校內部的廣泛迴響。王世方的分享讓更多的學長學姐們，包括林淳學長、趙恩廣學長、孫昭鵑學姊、尹從然學姊，以及許多學弟妹們，都對我的計畫產生了興趣和支持。這份支持對我而言意義重大，讓我更加堅定了繼續努力的信心。從最初的構想到如今的實現，這一路走來充滿了挑戰

與不易，但有了大家的鼓勵與支持，我感到無比感激。未來，我希望能夠持續與中華航空合作，創造更多的機會與可能性，回饋給所有支持我的人。

　　這一季，中華航空特別推出的GLY商品系列，將時尚與意義完美結合，我為每位旅客的日常生活增添獨特的風格與魅力。首先，GLY點睛之筆胸針（The Finishing Touch）是一枚能瞬間提升穿搭的飾品。它不僅僅是一個裝飾，更是每一次出門的自信來源。無論是正式場合還是休閒時光，這枚胸針都能為您的造型注入新鮮感，讓您在每一次穿搭中都如同走上時裝秀的舞台，展現獨特的個性。接下來是花漾十分珍珠項鍊（GLY BLOSSOM），其設計靈感來自貝殼珠，象徵著純潔與美麗。這條項鍊不僅是優雅的配飾，更承載著幸運與富足的祝福。

　　在不同文化中，珍珠也象徵著女性的智慧與愛情，讓佩戴者在每一次出行中都能感受到這份特別的祝福。白月光戒指（White Moonlight Ring）則以其柔和的光澤，象徵著內在的美好與平靜。它代表著新的開始與生命中的可能性，讓每位佩戴者在面對挑戰時，能夠保持信心與希望。最後，愛永恆項鍊（Love is All）傳遞著愛的力量，提醒我們在旅途中珍惜每一次相遇與別離。這條項鍊不僅是飾品，更是對愛的承諾，讓我們在不同的國度中，依然能感受到彼此的連結。這些精緻的GLY商品，無疑將為您的生活增添一抹亮色，讓每一天都充滿風格與意義。選擇

GLY，讓您的每一次出行都成為一場美麗的旅程。

我凝視著手腕上的珠寶手環，閃爍的光芒如同我人生的縮影。這件名為「圓圓滿滿（Full Moon）」的海水藍寶鑽石手環，是我近期高級訂製的作品。這套海藍寶石早在17至18年前便已完成設計圖，與之同時收藏的還有九顆寶石，皆以「大三元（Triple Treasure）」的設計理念，將三顆不同大小的海藍寶與鑽石環繞組合，形成獨特的戒指與耳環，至今仍受到收藏家的青睞。為何在經過這麼多年後，決心將這些海藍寶的設計圖付諸實現？因為我在生命的每一個階段，都經歷了無數的故事，每個故事都如同一個圈圈，代表著不同的角色與情感。

這些起起伏伏的經歷，無論是喜悅還是挫折，最終都讓我回到了原點，讓我重新思考人生的意義。這串手環，象徵著我對人生的理解與感悟，編織出藍天碧海的美好願景。每一顆寶石都閃耀著我曾經的回憶，彷彿在訴說著那些曾經的故事與情感。透過這件作品，我希望能將這份「圓圓滿滿」的祝福，獻給所有正在閱讀這本書的朋友們。在這片廣闊的天空下，想像一串手環，閃耀著五彩斑斕的光芒，仿佛每一顆珠寶都在訴說著希望的故事。它們不僅僅是裝飾品，更是人生旅程中的象徵，承載著無數的回憶與情感。當面對挑戰時，這些珠寶如同心靈的指引，幫助我們找到屬於自己的圓滿與平靜。

回首過去，GLY在台灣的發展已近十年，這段旅程如同一幅

精緻的畫卷，展現出品牌的力量與魅力。與華航的合作，讓我們的珠寶在空中翱翔，與來自四面八方的人們相遇，這是我曾經無法想像的成就。每一次的飛行，都是一段新的旅程，每一位乘客都可能成為我故事中的一部分，與我共同編織這份美好。在這個瞬息萬變的世界裡，商業的拓展已不再受限於國界。GLY的珠寶如同我人生的縮影，環繞著全世界，將不同文化與情感串聯起來。每一件珠寶都是一個故事的開端，承載著無數的夢想與希望，彷彿在低語著每一個追尋幸福的心靈。

展望未來，我懷著期待的心情，渴望與更多的人分享這份光彩。每一個瞬間都將成為永恆的記憶，每一顆珠寶都將陪伴你走過生命中的重要時刻。無論身在何處，願我們都能在這片天空下，找到屬於自己的光芒，並將這份光彩傳遞給更多的人。讓我們攜手迎接每一個新的開始，共同創造屬於我們的美好未來，讓生命的每一刻都閃耀著獨特的光輝。

LINDA YANG 高級訂製珠寶 High Jewelry

「圓圓滿滿」海水藍寶、綠柱石、玫瑰切工鑽石、鑽石

"Full Moon" Aquamarine, Beryl, Rose cut Diamond, Diamond Bracelet

✳ 後記

在過去的日子裡，最感謝的是天父，賜給我永不止息的愛，當我被愛充滿時，那希望的種子也會發芽茁壯，以至於我可以與各位親朋好友們分享我的人生故事。謝謝祂讓我認識了您們！

特別感謝黃國倫牧師、Clare師母、張大業牧師、師母、松慕強牧師、師母、李協聰牧師、黃偉南牧師、秉韻師母、吳方芳牧師、雷有文牧師、Winnie師母。您們在每個關鍵時刻為我及我的家人們禱告，不僅帶給我超自然的平安，賜予那往前邁進的力量，更增添了我每一次的信心及勇氣面對各項考驗！

以下是我最喜愛的經文，獻給大家。

詩篇23：

耶和華是我的牧者，我必不至缺乏。

他使我躺臥在青草地上，領我在可安歇的水邊。

他使我的靈魂甦醒，為自己的名引導我走義路。

我雖然行過死蔭的幽谷，也不怕遭害，因為你與我同在；你的杖，你的竿，都安慰我。

在我敵人面前，你為我擺設筵席；你用油膏了我的頭，使我的福杯滿溢。

我一生一世必有恩惠慈愛隨著我；我且要住在耶和華的殿中，直到永遠。

愛悅美麗的你

Love the Beautiful You

PEOPLE 537

GLY 的 20 道光芒

在愛裡為自己綻放

作　　者—楊傳苓
校　　對—胡鴻仁
封面攝影— Rosa & Daniel Photography (www.rosaanddaniel.com)
主　　編—謝翠鈺
責任編輯—廖宜家
行銷企劃—鄭家謙
封面設計—兒日設計
美術編輯—張淑貞

董 事 長—趙政岷
出 版 者—時報文化出版企業股份有限公司
　　　　　108019 台北市和平西路三段 240 號 7 樓
　　　　　發行專線— (02)2306-6842
　　　　　讀者服務專線— 0800-231-705、(02)2304-7103
　　　　　讀者服務傳真— (02)2304-6858
　　　　　郵撥— 19344724 時報文化出版公司
　　　　　信箱— 10899　台北華江橋郵局第 99 信箱
時報悅讀網— http://www.readingtimes.com.tw
法律顧問—理律法律事務所 陳長文律師、李念祖律師
印　　刷—華展印刷有限公司
初版一刷— 2024 年 11 月 22 日
定　　價—新台幣 380 元
缺頁或破損的書，請寄回更換

時報文化出版公司成立於 1975 年，並於 1999 年股票上櫃公開發行，
於 2008 年脫離中時集團非屬旺中，以「尊重智慧與創意的文化事業」為信念。

GLY的20道光芒：在愛裡為自己綻放 / 楊傳苓著
-- 初版. -- 臺北市：時報文化出版企業股份有限
公司, 2024.11
　面；　公分. -- (People ; 537)
　ISBN 978-626-396-909-4 (平裝)

1.CST: 楊傳苓 2.CST: 自傳 3.CST: 品牌

783.3886　　　　　　　　　　　　113015358

ISBN 978-626-396-909-4
Printed in Taiwan